早稲田教育ブックレット No. 16

早稲田大学が創る教師教育

JN162619

表紙写真提供：早稲田大学広報室広報課

はじめに

戦後の教育改革を語る中で、常に中心的な位置を占めてきたのが教師教育改革の諸施策です。とくに、専門職としての地位向上をめざしたＩＬＯ・ユネスコ「教員の地位に関する勧告」（一九六六年）以降、待遇改善とともに教師教育への期待が高まっていきました。経済成長期においては、教師教育改革は定数改善や大学院就学・行政研修等の推進・拡大等で実現されようとしてきました。しかしながら、わが国は一九九〇年代以降、経済社会を中心にいわば「縮小期」に入りました。「選択と集中」を実現せよという資源配分効率化への要求や功利主義的な思想が次第に幅をきかせていく一方で、教育をめぐる難題は複雑化の様相を呈してきています。初任者研修や一〇年次研修等の制度化が推進された時代を経て、さらに「小さな政府」を実現する流れの一端として、教職大学院や教員免許更新制など大学教育を研修システムの一つとして組み込む動きも生まれてきました。「行政研修」のウェイトが増す中で、教師教育にも官僚主義の影が忍び寄っているという現実もあります。専門職の真髄（生命線）である「専門性に裏打ちされた自律性」が次第に蚕食されているようにも見えます。教師教育をめぐっても、無文脈な改革がトップダウンでなされ、「あれもこれも」とアドホックな研修課題が「〇〇教育」の名の下に教員を疲弊させるという構造が生まれつつあります。とりわけ、「自律性からの退却」は、すでに大規模な高校教員の時系列調査で明らかとなっている根本病理です。私たちは、教職をめぐる難題と向き合いながら、大学における教師教育にどのような可能性を見出していけばよいのでしょうか。

本ブックレット『早稲田大学が創る教師教育』は、教師教育のあり方を主体的に捉え直していくためのひとつの試みです。具体的には、二〇一六年七月一六日に開催されました「教育最前線講演会23　早稲田が創る教師教育」の講演内容を中心にとりまとめています。講演①では、教師教育改革と絡めながら、新設された教職支援センターの役割を中心に三尾忠男氏がわかりやすく解説されています。講演②では、早稲田大学教職関連の卒業生（稲門教育会）の方々にご協力いただいた質問紙調査の結果から「早稲田らしさ」の概要と現代的意義が語られます。講演③・講演④・講演⑤では、町田守弘・池俊介・谷山公規の各氏が国語科・社会科・数学科という教科の専門性をふまえて教師教育の展望にかかわる興味深い内容を語られます。あわせて特別寄稿として、英語科と理科の教師教育の展望について松坂ヒロシ氏、加藤尚志氏が貴重な論考をお寄せくださいました。ブックレットの作成に特段のお力添えをいただきました執筆者のみなさま、町田守弘所長をはじめ早稲田大学教育総合研究所の関係各位、質問紙調査にお答えいただいた稲門教育会関係のみなさま、出版情勢の厳しい折に出版をお引き受けいただいた学文社さまにこの場を借りて厚く御礼を申し上げます。

教師がますます多忙化する中で、専門職性の中心的な要件である「専門職的自律性」が次第に希薄化されている現状において、本ブックレットの提示する知見が有意義な議論のきっかけになれば幸いです。早稲田大学が歴史的に大切にしてきたものをいま一度問い直し、現状を変えていくために何ができるのか、私自身もじっくりと考えていきたいと思います。

二〇一七年三月一日

早稲田大学教育・総合科学学術院教授　菊地　栄治

教師教育改革の現状と教職支援センターの役割

早稲田大学教育・総合科学学術院教授　三尾　忠男

私は現在、教職支援センターの副所長をしておりますので、これからお話しする内容は、役職としてお話できる内容をメインにさせていただきます。

前半は、教師教育の改革の現状についてお話をさせてもらいます。教師教育ですが、国家としてどのような教育を想定しているのかがわからないと、教師教育の仕組みもわかりませんので、教員の資質向上に関する答申をさかのぼってお話いたします。まず、平成九年の教育職員養成審議会第一次答申にどのようなことが述べられていたのかを、参照したいと思います。

表1　教員の資質向上に関する答申など

平成9年	「新たな時代に向けた教員養成の改善方策について」　※資料1
平成10年	「修士課程を積極的に活用した教員養成の在り方について―現職教員の再教育の推進―」
平成11年	「養成と採用・研修との連携の円滑化について」
平成14年	「今後の教員免許制度の在り方について」
平成17年	「新しい時代の義務教育を創造する」

平成18年	「今後の教員養成・免許制度の在り方について」
平成24年	「教職生活の全体を通じた教員の資質能力の総合的な向上方策について」
平成27年	「これからの学校教育を担う教員の資質能力の向上について～学び合い、高め合う教員育成コミュニティの構築に向けて～」　※資料2

表2　関連した答申、報告など

平成19年	「教育基本法の改正を受けて緊急に必要とされる教育制度の改正について」
平成19年	「専門職大学院設置基準及び学位規則の一部を改正する省令の公布等について（通知）」
平成19年	改正教育職員免許法の成立　（平成21年から教員免許更新制導入）
平成20年	「子どもの心身の健康を守り、安全・安心を確保するために学校全体としての取組を進めるための方策について」
平成20年	「教育振興基本計画について―『教育立国』の実現に向けて―」
平成26年	「子供の発達や学習者の意欲・能力等に応じた柔軟かつ効果的な教育システムの構築について」
平成26年	「新しい時代にふさわしい高大接続の実現に向けた高等学校教育、大学教育、大学入学者選抜の一体的改革について」
平成28年	「個人の能力と可能性を開花させ、全員参加による課題解決社会を実現するための教育の多様化と質保証の在り方について」

このうち平成九年の答申「新たな時代に向けた教員養成の改善方策について」から、教員の資質に関するところを抜粋してみました。いつの時代も教員に求められる資質として、「教員の資質能力とは、一般に、『専門的職業である教職に関する愛着、誇り、一体感に支えられた知識、

技能等の総体』といった意味を有する」と書かれています。この内容は、現在でも納得ができると思います。

資料1　教員に求められる資質能力（平成九年答申より）

(1)　いつの時代も教員に求められる資質能力

昭和62年12月18日付けの本審議会答申「教員の資質能力の向上方策等について」（以下「昭和62年答申」という。）の記述（注）等をもとに考えてみると、教員の資質能力とは、一般に、「専門的職業である『教職』に対する愛着、誇り、一体感に支えられた知識、技能等の総体」といった意味内容を有するもので、「素質」とは区別され後天的に形成可能なものと解される。

昭和62年答申に掲げられた資質能力は教員である以上いつの時代にあっても一般的に求められるものであると考えるが、このような一般的資質能力を前提としつつ、今日の社会の状況や学校・教員を巡る諸問題を踏まえたとき、今後特に教員に求められる資質能力は、具体的にどのようなものであろうか。

（注）「学校教育の直接の担い手である教員の活動は、人間の心身の発達にかかわるものであり、幼児・児童・生徒の人格形成に大きな影響を及ぼすものである。このような専門職としての教員の職責にかんがみ、教員については、教育者としての使命感、人間の成長・発達についての深い理解、幼児・児童・生徒に対する教育的愛情、教科等に関する専門的知識、広く豊かな教養、そしてこれらを基盤とした実践的指導力が必要である」（昭和62年答申「はじめに」）など。

(2)　今後特に教員に求められる具体的資質能力

これからの教員には、変化の激しい時代にあって、子どもたちに［生きる力］を育む教育を授けることが期待される。そのような観点から、今後特に教員に求められる資質能力の具体例を、上記(1)に掲げた一般的資質能力との重複や事項間の若干の重複をいとわず図式的に整理してみると、概ね以下の［参考図］のようになると考える。

すなわち、未来に生きる子どもたちを育てる教員には、まず、地球や人類の在り方を自ら考えるとともに、培った幅広い視野を教育活動に積極的に生かすことが求められる。さらに、教員という職業自体が社会的に特に高い人格・識見を求められる性質のものであることから、教員は変化の時代を生きる社会人に必要な資質能力をも十分に兼ね備えていなければならず、これらを前提に、当然のこととして、教職に直接関わる多様な資質能力を有することが必要と考える。

［参考図］ 今後特に教員に求められる具体的資質能力の例

地球的視野に立って行動するための資質能力
- 地球、国家、人間等に関する適切な理解
  例：地球観、国家観、人間観、個人と地球や国家の関係についての適切な理解、社会・集団における規範意識
- 豊かな人間性
  例：人間尊重・人権尊重の精神、男女平等の精神、思いやりの心、ボランティア精神
- 国際社会で必要とされる基本的資質能力
  例：考え方や立場の相違を受容し多様な価値観を尊重する態度、国際社会に貢献する態度、自国や地域の歴史・文化を理解し尊重する態度

変化の時代を生きる社会人に求められる資質能力
- 課題解決能力等に関わるもの
  例：個性、感性、創造力、応用力、論理的思考力、課題解決能力、継続的な自己教育力
- 人間関係に関わるもの
  例：社会性、対人関係能力、コミュニケーション能力、ネットワーキング能力
- 社会の変化に適応するための知識及び技能
  例：自己表現能力（外国語のコミュニケーション能力を含む。）、メディア・リテラシー、基礎的なコン

ピュータ活用能力

教員の職務から必然的に求められる資質能力
- 幼児・児童・生徒や教育の在り方に関する適切な理解
  例：幼児・児童・生徒観、教育観（国家における教育の役割についての理解を含む。）
- 教職に対する愛着、誇り、一体感
  例：教職に対する情熱・使命感、子どもに対する責任感や興味・関心
- 教科指導、生徒指導等のための知識、技能及び態度
  例：教職の意義や教員の役割に関する正確な知識、子どもの個性や課題解決能力を生かす能力、子どもを思いやり感情移入できること、カウンセリング・マインド、困難な事態をうまく処理できる能力、地域・家庭との円滑な関係を構築できる能力

教員に求められる資質能力は、語る人によってその内容や強調される点が区々であり、それらすべてを網羅的に掲げることは不可能であるが、今日の社会の状況や学校・教員を巡る諸課題を念頭に置くと、主として上記のようなものを例示的に挙げ得るものと考える。

(3)　得意分野を持つ個性豊かな教員の必要性

このように教員には多様な資質能力が求められ、教員一人一人がこれらについて最小限必要な知識、技能等を備えることが不可欠である。しかしながら、すべての教員が一律にこれら多様な資質能力を高度に身に付けることを期待しても、それは現実的ではない。

むしろ学校では、多様な資質能力を持つ個性豊かな人材によって構成される教員集団が連携・協働することにより、学校という組織全体として充実した教育活動を展開すべきものと考える。また、いじめや登校拒否の問題をはじめとする現在の学校を取り巻く問題の複雑さ・困難さの中では、学校と家庭や地域社会との協力、教員とそれ以外の専門家（学校医、スクール・カウンセラー等）との連携・協働が一層重要なものとなることから、専門家による日常的な指導・助言・援助の体制整備や学校と専門機関との連携の確保などを

今後更に積極的に進める必要がある。

さらに、教員一人一人の資質能力は決して固定的なものでなく、変化し、成長が可能なものであり、それぞれの職能、専門分野、能力・適性、興味・関心等に応じ、生涯にわたりその向上が図られる必要がある。教員としての力量の向上は、日々の教育実践や教員自身の研鑽により図られるのが基本であるが、任命権者等が行う研修もまた極めて重要である。現職研修の体系や機会は着実に整備されつつあるが、今後一層の充実が期待される。

このようなことを踏まえれば、今後における教員の資質能力の在り方を考えるに当たっては、画一的な教員像を求めることは避け、生涯にわたり資質能力の向上を図るという前提に立って、全教員に共通に求められる基礎的・基本的な資質能力を確保するとともに、さらに積極的に各人の得意分野づくりや個性の伸長を図ることが大切である。結局は、このことが学校に活力をもたらし、学校の教育力を高めることに資するものと考える。


（平成九年　教育職員養成審議会第一次答申「新たな時代に向けた教員養成の改善方策について」）


この答申には、今後の教員養成について次のように書かれています。「教員は変化の時代を生きる社会人に必要な資質能力をも十分に兼ね備えていなければならず、これらを前提に、当然のこととして、教職に関わる多様な資質能力を有することが必要」である、と。教員養成においては、社会の変化に応じてこちらの目標を達成するために、さまざまな取り組みがなされてきました。

一九年前の当時にいわれていた内容は、一つ目に、「地球的視野に立って行動するための資質能力」、これは現在の答申にもこの内容があります。それから「変化の時代を生きる社会人に求められる資質能力」、これは、平成二三年頃に一般的な大学教員の答申として提案されました。具体的に教職に関わる「資質能力」として、いつの時代も変わらない愛着、誇り、一体感や、教科の指導能力などを挙げています。これが平成九年の話です。

当時の内容で私が評価したい点は、「得意分野を持つ個性が豊かな教員の必要性」が述べられていたということです。これは今でも重要な点です。答申の中に次のような箇所があります。「すべての教員が一律にこれら多様な資質を高度に身に付ける」ということは、「現実的ではない」と書いてあるのです。これをまず押さえておきたいと思います。学校は、「多様な資質能力を持つ個性が豊かな人材で構成」されているため、いろいろな社会の変化に対応した教育をやっていこうと、平成九年の答申では書かれています。

ところが、その後昨年（平成二七年）までの代表的な答申の内容を追っていくと、「多様性」への言及が減り、教員養成で一律に同じような能力を身に付けるというような論調になっています。最新の答申の概要（**資料2**）を見ますと、その表題に「教員の資質能力の向上について」と書いています。内容としては、教員養成から始まり、採用があって、研修と書いてありますが、今日は教員養成のほうに絞って話をします。

まず、このような議論が行われた「背景」の一つとして、新しく教育の方法、特に授業の方法を改革しましょうという「アクティブ・ラーニング」の登場があります。答申概要の「背景」に書いてあることが、以下（養成、採用、研修）の前提条件になってくるのです。私は教育方法が専門なのですが、この辺りの、方法ありきの背景はどうかと少し疑問に思っています。

現職教員向けの研修で注目する点として新たな課題として、小学校で英語が入ってくるとか、ＩＣＴの活用などいわれていますが、そういったものを前提として授業改善をしろという論調で

資料2　平成27年「これからの学校教育を担う教員の資質能力の向上について～学び合い、高め合う教員育成コミュニティの構築に向けて～」（概要）

これからの学校教育を担う教員の資質能力の向上について
（答申のポイント）

背景

○教育課程・授業方法の改革（アクティブ・ラーニングの視点からの授業改善、教科等を越えたカリキュラム・マネジメント）への対応
○英語、道徳、ICT、特別支援教育等、新たな課題への対応
○「チーム学校」の実現

○社会環境の急速な変化
○学校を取り巻く環境変化
・大量退職・大量採用→年齢、経験年数の不均衡による弊害
・学校教育課題の多様化・複雑化

主な課題

【研修】
○教員の学ぶ意欲は高いが多忙で時間確保が困難
○自ら学び続けるモチベーションを維持できる環境整備が必要
○アクティブ・ラーニング型研修への転換が必要
○初任者研修・十年経験者研修の制度や運用の見直しが必要

【採用】
○優秀な教員の確保のための求める教員像の明確化、選考方法の工夫が必要
○採用選考試験への支援方策が必要
○採用に当たって学校内の年齢構成の不均衡の是正に配慮することが必要

【養成】
○「教員となる際に最低限必要な基礎的・基盤的な学修」という認識が必要
○学校現場や教職に関する実際を体験させる機会の充実が必要
○教職課程の質の保証・向上が必要
○教科・教職に関する科目の分断と細分化の改善が必要

【全般的事項】
○大学等と教育委員会の連携のための具体的な制度的枠組みが必要
○幼稚園、小学校、中学校、高等学校及び特別支援学校等の特徴や違いを踏まえ、制度設計を進めていくことが重要
○新たな教育課題（アクティブ・ラーニングの視点からの授業改善、ICTを用いた指導法、道徳、英語、特別支援教育）に対応した養成・研修が必要

【免許】○義務教育学校制度の創設や学校現場における多様な人材の確保が必要

具体的方策

○　養成・採用・研修を通じた方策～「教員は学校で育つ」との考えの下、教員の学びを支援～

ベテラン段階
より広い視野で役割を果たす時期

中堅段階
「チーム学校」の一員として専門性を高め、連携・協働を深める時期

1～数年目
教職の基盤を固める時期

現職研修の改革

【継続的な研修の推進】
・校内の研修リーダーを中心とした体制作りなど校内研修推進のための支援等の充実
・メンター方式の研修（チーム研修）の推進
・大学、教職大学院等との連携、教員育成協議会活用の推進
・新たな課題（英語、道徳、ICT、特別支援教育）やアクティブ・ラーニングの視点からの授業改善等に対応した研修の推進・支援

【初任研改革】
・初任研運用方針の見直し（校内研修の重視・校外研修の精選）
・2，3年目など初任段階の教員への研修との接続の促進

【十年研改革】
・研修実施時期の弾力化
・目的・内容の明確化（ミドルリーダー育成）

【管理職研修改革】
・新たな教育課題等に対応したマネジメント力の強化
・体系的・計画的な管理職の養成・研修システムの構築

採用段階

採用段階の改革
・円滑な入職のための取組（教師塾等の普及）
・教員採用試験の共同作成に関する検討
・特別免許状の活用等による多様な人材の確保

養成段階
「学び続ける教師」の基礎力を身につける時期

養成内容の改革
・新たな課題（英語、道徳、ICT、特別支援教育）やアクティブ・ラーニングの視点からの授業改善等に対応した教員養成への転換
・学校インターンシップの導入（教職課程への位置付け）
・教職課程に係る質保証・向上の仕組み（教職課程を統括する組織の設置、教職課程の評価の推進など）の促進
・「教科に関する科目」と「教職に関する科目」の統合など科目区分の大くくり化

教員育成指標

【現職研修を支える基盤】
・（独）教員研修センターの機能強化（研修ネットワークの構築、調査・分析・研究開発を担う全国的な拠点の整備）
・教職大学院等における履修証明制度の活用等による教員の資質能力の高度化
・研修機会の確保等に必要な教職員定数の拡充
・研修リーダーの養成、指導教諭や指導主事の配置の充実

○　学び続ける教員を支えるキャリアシステムの構築のための体制整備
・教育委員会と大学等との協議・調整のための体制（教員育成協議会）の構築
・教育委員会と大学等の協働による教員育成指標、研修計画の全国的な整備
・国が大綱的に教員育成指標の策定指針を提示、教職課程コアカリキュラムを関係者が共同で作成
（グローバル化や新たな教育課題などを踏まえて作成）

す。これもよくわからないのです。内容があって授業をするはずなのに、方法が先にある授業改善というのは学校現場では馴染んでいないのではないでしょうか。

このように、振り返って見ていきますと、だんだん理想的な教師の素質が教員養成に盛り込まれていき、それを一律に、画一的に身に付けるような教員養成を要求しているような内容になっていると思います。

ところで、私は学部の教員養成科目も担当しております。先ほど教職支援センター所長のほうから紹介があったように、大学院でも教員養成を担っています。昭和五三年に、当時の新構想の教育大学院として、上越教育大学、兵庫教育大学ができました。そして昭和五六年に鳴門教育大学ができました。当時の資料を読んでいきますと、大学院の入学定員の三分の二が現職の教員となっています。現職の教員が教育委員会から派遣され、新たに学部新卒の学生と一緒に学ぶサイクルです。その後、本校でも設置をしておりますが、平成二〇年に教職大学院、専門職大学院の設置が決まり、その数が平成二八年七月現在四六になっているでしょう。このように、前述の新構想の教育大学教員養成の設置から数えると、教員養成の高度化、再教育は約三〇年の間、行われてきています。

ご存じの通り、教員養成をする大学や学部では、教員養成に関しての教職課程は審査を受けて教員養成を行っています。さらに、これに加えて教員免許更新制が始まっています。本学も当初から参加し、免許状更新講習を開講しています。この講習は、ご存じの通り現職の先生が免許取得から一〇年たったときに免許を更新するために三〇時間の講習を受けるものです。この講習の実施にあたり、各大学は事前に文部科学省への申請を行います。本学も毎年、免許更新講習を申請し認可を受け、教員再教育の講座を提供しています。教員養成をする側の教職課程の審査は、課程認定や実地調査では内容や質の保証がされますが、免許更新講習については、実施できる大学とできない大学があります。

先日、規模の小さな大学の教育学部の方にお話を聞きましたら、免許更新講習を実施できるということは、大学として教員養成についてプラスアルファの能力を持っているという自信につながっているとおっしゃっていました。これらも含め、現職教員の資質向上については、現在、中央教育審議会のほうで教育委員会との連携などいろいろな議論が進んでいるところです。

本学の状況ですが、教職支援センターの話をする前に、本学の教員養成はどのような状況かをお話ししたいと思います。「早稲田大学の教員養成の現状」という資料の数字で見ると、全学の学生（一年生から四年生半ば）の教職課程の受講者は、毎年四、〇〇〇人から五、〇〇〇人ぐらいいます。大学でいうと、一つの学部規模の学生をお預かりしています。そのうち、八〇〇人から九〇〇人の学生が教員免許を取得しています。

教員採用の実績は、二〇一四年に二五七名が公立学校に採用され、学校の先生になっています。この数字が、日本全体でどうかということで、文科省の資料を見ますと、二〇一四年度に採用される公立学校の採用試験の受験者が一七万七、〇〇〇人で、全国で採用者数が三万一、〇〇〇人です。つまり、全合格者の八パーセント弱を本学の卒業生が占めているということです。五、〇〇〇人や四、〇〇〇人という結構な規模の受講者がいて、八〇〇人か九〇〇人が教員免許を取得し、

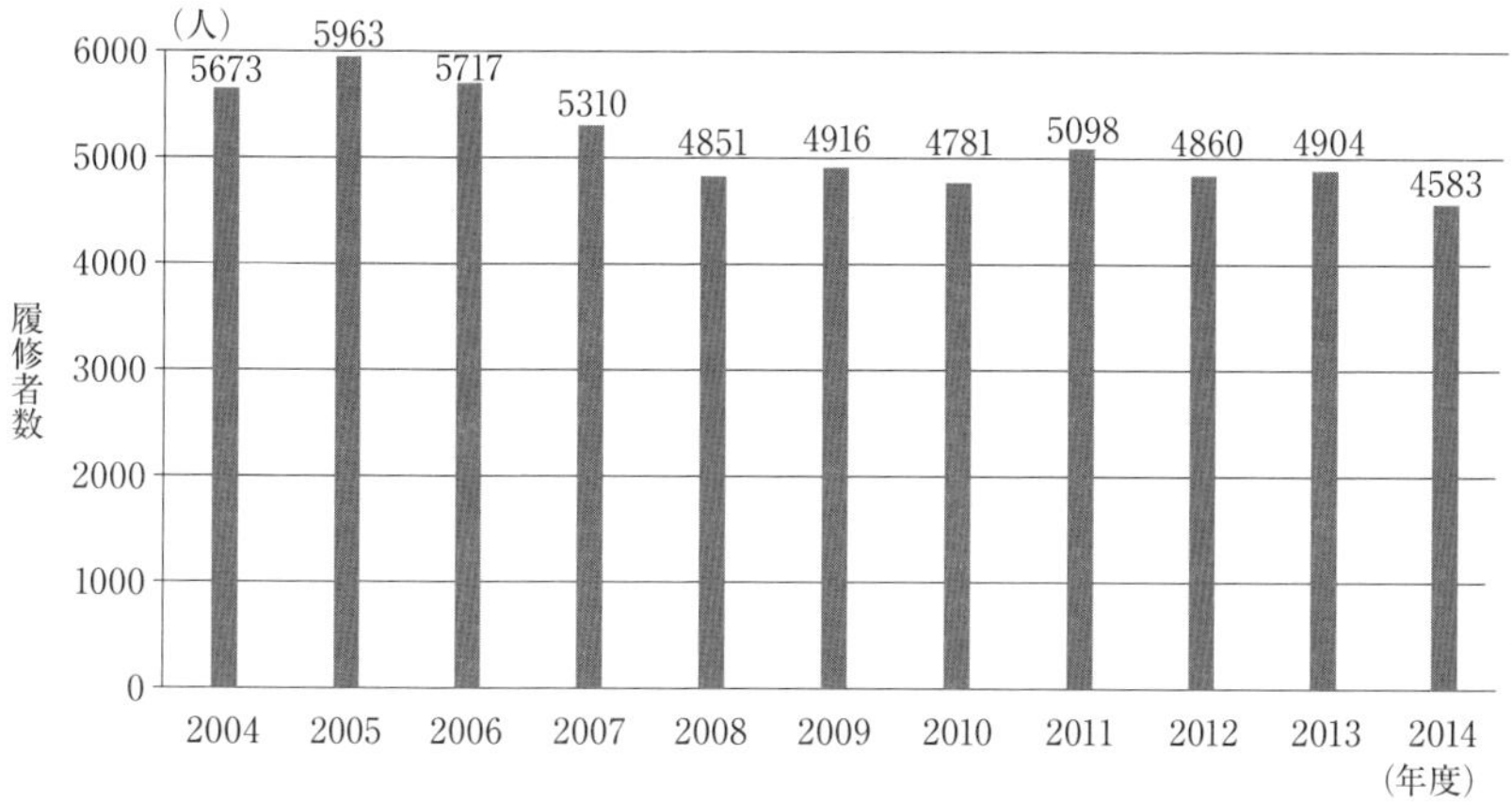

図１　早稲田大学　教職課程履修者総数の推移

出所）早稲田大学教職課程ガイダンス資料

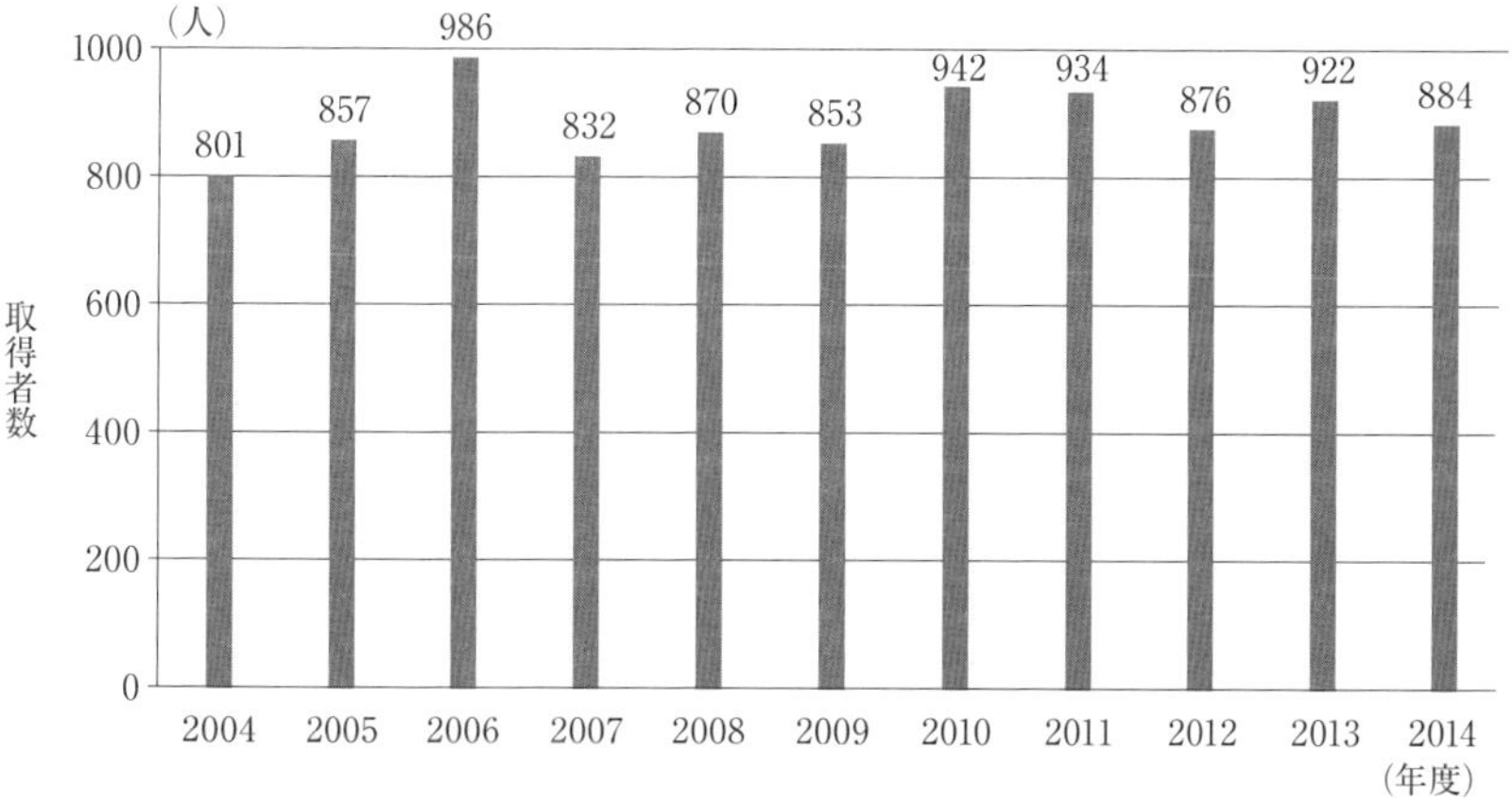

図２　早稲田大学　教員免許取得者数の推移

出所）同上

●合格者は新卒者（学部・大学院を含む）及び既卒者を含む述べ数
●各年度は教員採用試験実施年度

1）公立学校教員

年度	2013 ※1		2014 ※1	
区分 教科	合格	期限付 ※2	合格	期限付 ※2
国　語	44	5	47	4
社　会	63	14	41	8
数　学	19	2	25	5
理　科	5	1	5	1
保健体育	22	0	17	2
英　語	37	5	38	7
情　報	0	0	1	0
商　業	0	0	0	0
特別支援学校	11	0	8	1
小学校	50	6	51	11
その他	3	0	24	1
合　計	254	33	257	40

2）私立学校

年度	2013		2014	
区分 教科	専任	非常勤	専任	非常勤
国　語	19	5	27	6
社　会	14	10	14	10
数　学	15	5	10	3
理　科	6	2	0	3
保健体育	3	0	1	2
英　語	13	1	20	4
情　報	0	0	0	0
商　業	0	0	1	0
小学校	0	0	3	0
その他	2	0	0	0
合　計	72	23	76	28

※1　集計にあたって各都道府県教委・政令都市教委への合格者数報告アンケートおよび学生からの進路報告アンケートを利用。
※2　「期限付」は東京都の期限付任用教員名簿登載者数

図3　早稲田大学　教員採用試験合格実績

出所）早稲田大学教職支援センター2016年度リーフレット

採用においても相当な人数を占めているということで、総合大学として教員養成ではかなり健闘しているという感じもします。

最近は大学ランキングがよくニュースになりますが、最新のものを見ますと、本学の教員の採用は結構上位のほうで、公立学校の高校教員の採用では全国で三位です。中学校が二二位で、本学は中高の教員養成においては多数を輩出していると思います。

実際に、本学の教員養成の、開講のクラス数をカウントしてみました。まず教職に関する科目（必須）です。クラスが二〇〇～三〇〇はあると思うのですが、このクラス数で運用しているのです。

それから本学の教員養成の多様性を示すものとして、教職に関する学校全体の選択科目も充実していますし、インターンシップも、学級経営に関するようなインターンシップだとか、いろいろなインターンシップを科目化し、学生が履修をしています。本学は、大学の規模を生かして多彩な科目を用意し、一つの科目でも多彩な教員が担当してさまざまなクラスを用意しています。

続いて教職支援センターの概要です。教職支援センターは、いろいろな学校で設置が進んでいるようですが、本学はそういった動向を踏まえて設置をしたわけではなく、われわれとして教員養成をどうするかということを考えて、支援センター設置の議論があったのです。

一方、世間のほうでも支援センターは増加傾向にあります。関東地区私立大学教職課程研究連絡協議会、略して関私教協という組織があります。そこで一昨年、調査を行ったのですが、もともと多くなかった教職センターの設置数が、急にここ数年で増えています（図4）。昨年の答申では、教職課程を置く大学による教員養成の改革は、センターの制度を踏まえて努力義務にする、となっています。したがって、答申の方向性としても、支援センターを作って全学的な組織として教員養成を考える状況にあります（資料3）。

概要（図5）については、従来から教職課程に関する委員会を新たに、三つの部門で役割を分けています。一つ目が、教員養成のいろいろな科目を考えていくという部門で、二つ目が実習や

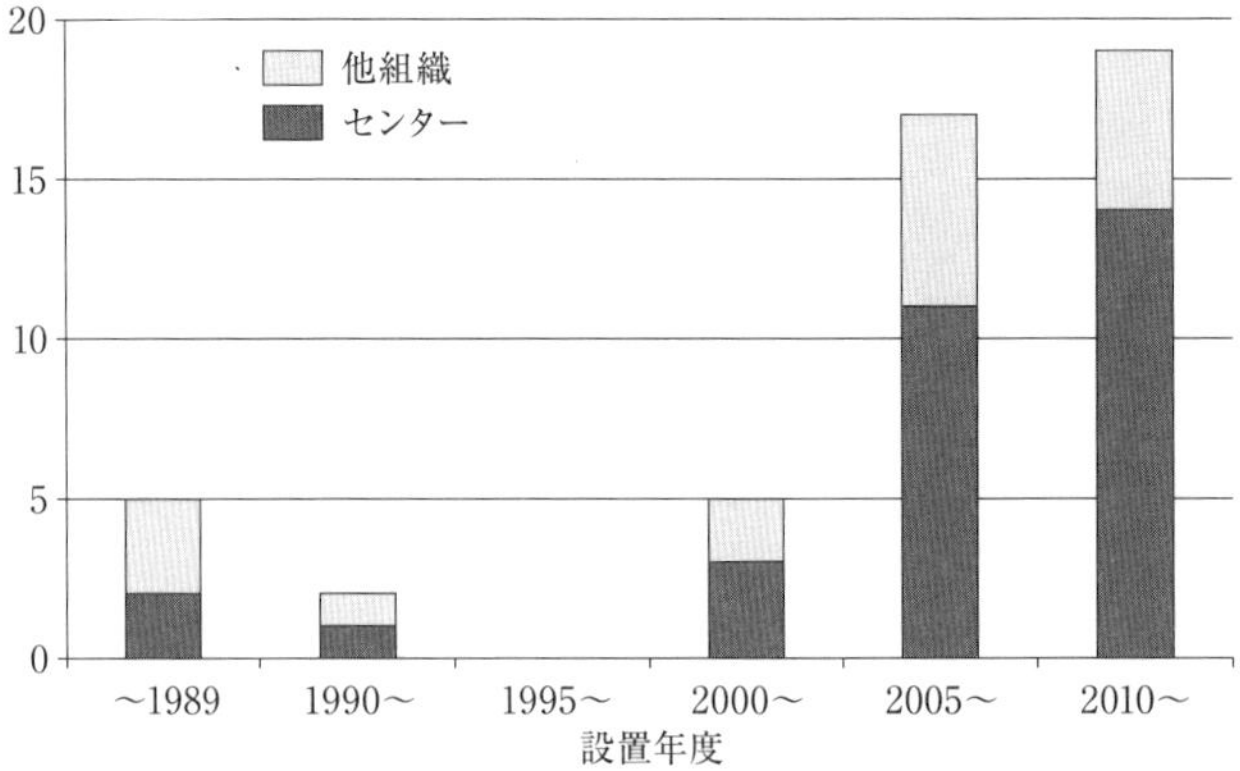

図４　教職支援センターの設置年度

出所）関東地区私立大学教職課程研究連絡協議会　研究部第２部会（教職課程組織運営部会），2016,「教職センター」の機能と課題， p. 14

インターンシップ、ボランティアを専門に考えて各学校との連携を図っていく部門です。三つ目が、本学に特徴的で、稲門《とうもん》教育会という、校友で教職に就いている方々と大学との連携を図る活動を行っています。また、免許更新講座も扱います。全国三三の地区に稲門教育会の組織があり、ここと連携を取りながら講師を派遣しております。今後は、各方面と連携を取って、近い将来にできれば教育実習生を派遣するとか、教員の採用の募集を登録していただくような組織をつくりたいと考えています。

教員養成の中では、教員採用試験の対策にも本学は力を入れておりまして、採用試験のための教員就職指導室があります。これも支援センターの中に入っていただいて、いろいろな形をとって共同で行っていくのですが、教員就職指導室の実績をお示しします。同室では、教員採用試験の対策として、三年次からいろいろな指導会を始めてい

資料3　答申における教職センター関連の記述箇所

「教職生活の全体を通じた教員の資質能力の総合的な向上方策について」（答申）

平成24年8月28日　中央教育審議会

Ⅲ．当面の改善方策

2．教員養成、採用から初任者の段階の改善方策

(1) 国公私立大学の学部における教員養成の充実.

② 組織体制

教員養成の質を全学的に高めるため、一部の総合大学では「教職センター」等の全学的な体制を整備し、教員養成カリキュラムの改善等に積極的に取り組んでいる。

こうした取組は、総合大学の有する資源・機能の教員養成に対する活用、教育学部の有する資源・機能の全学的活用等の観点からも極めて有効であり、多くの大学で同様の取組を推進することが必要である。

「これからの学校教育を担う教員の資質能力の向上について」（答申）

平成27年12月21日　中央教育審議会

四．改革の具体的な方向性

(3) 教員養成に関する改革の具体的な方向性

③ 教職課程の質の保証・向上

ア　教職課程を統括する組織の設置

教職課程を置く大学における教員養成カリキュラム委員会や教職支援センター等の整備状況を踏まえつつ、全学的に教職課程を統括する組織の設置について努力義務化することが適当である。

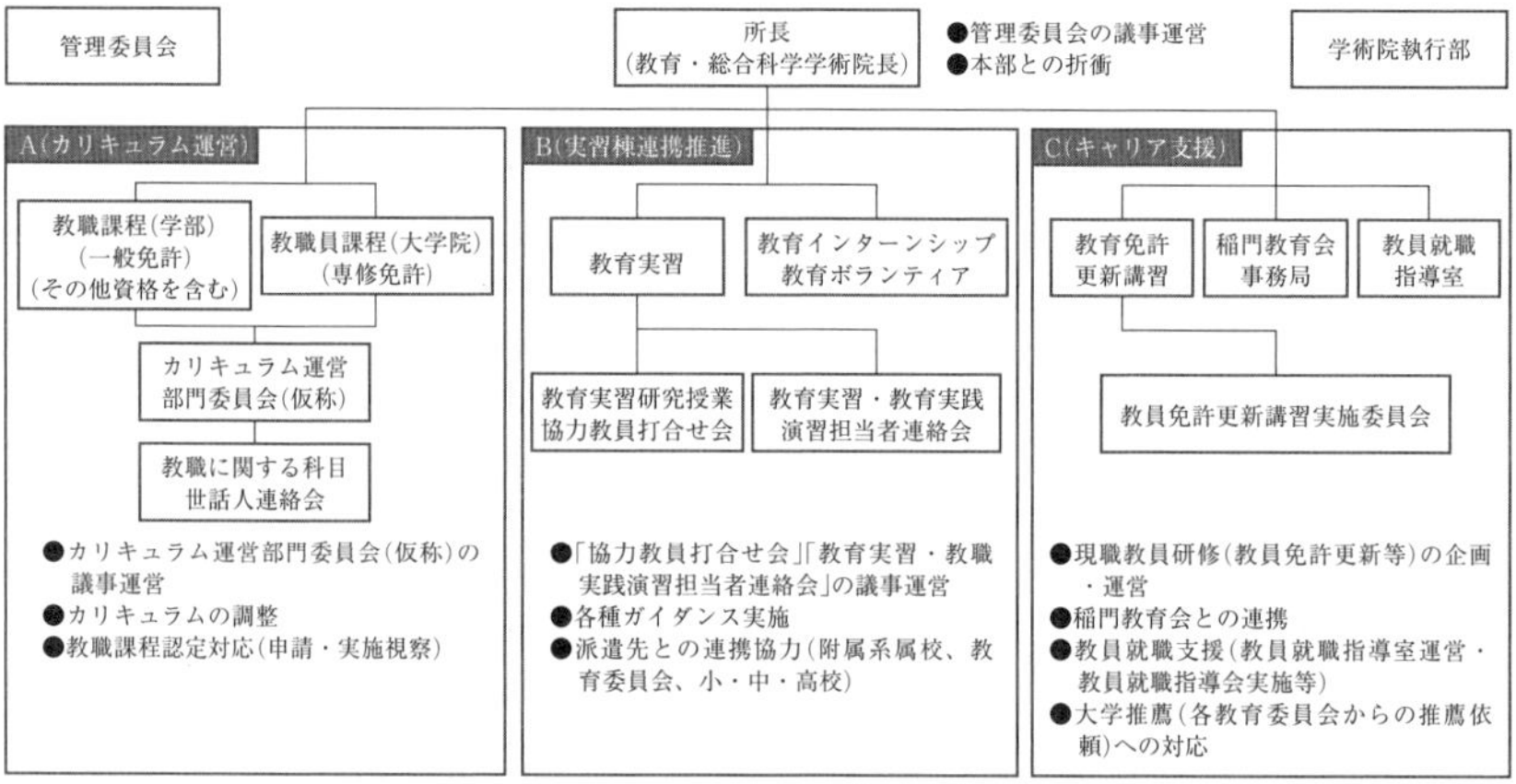

図５　早稲田大学　教職支援センターの概要

出所）早稲田大学教職支援センター2016年度リーフレット

きます。三年生の最初のキックオフガイダンスには、一五〇人ぐらい学生が来て、教員採用試験の勉強方法などを聞きます。教職教養や論文などの指導に関しては、三年生から四年生に上がるときに、のべ三〇〇人近い学生が講習を受け、論文指導等を実施しております。四年生になると、より教員採用試験が身近になりますので、最近、卒業した若手の先生方に本学に来てもらい、学生が話を聞く機会を設けます。こうやって準備しましたとか、教員になってから、こういったところは自分で工夫したといった話をしてもらうことを行っています。

　これを全体で見ますと、昨年度の教職支援センターの利用者はのべ二、〇〇〇人を超えておりまして、本学で同時に行っている教員採用試験対策としては、希望が多くなっていると思います。

　今までは支援センターの副所長としての話をしました。私は教育方法が専門ですので、その観点

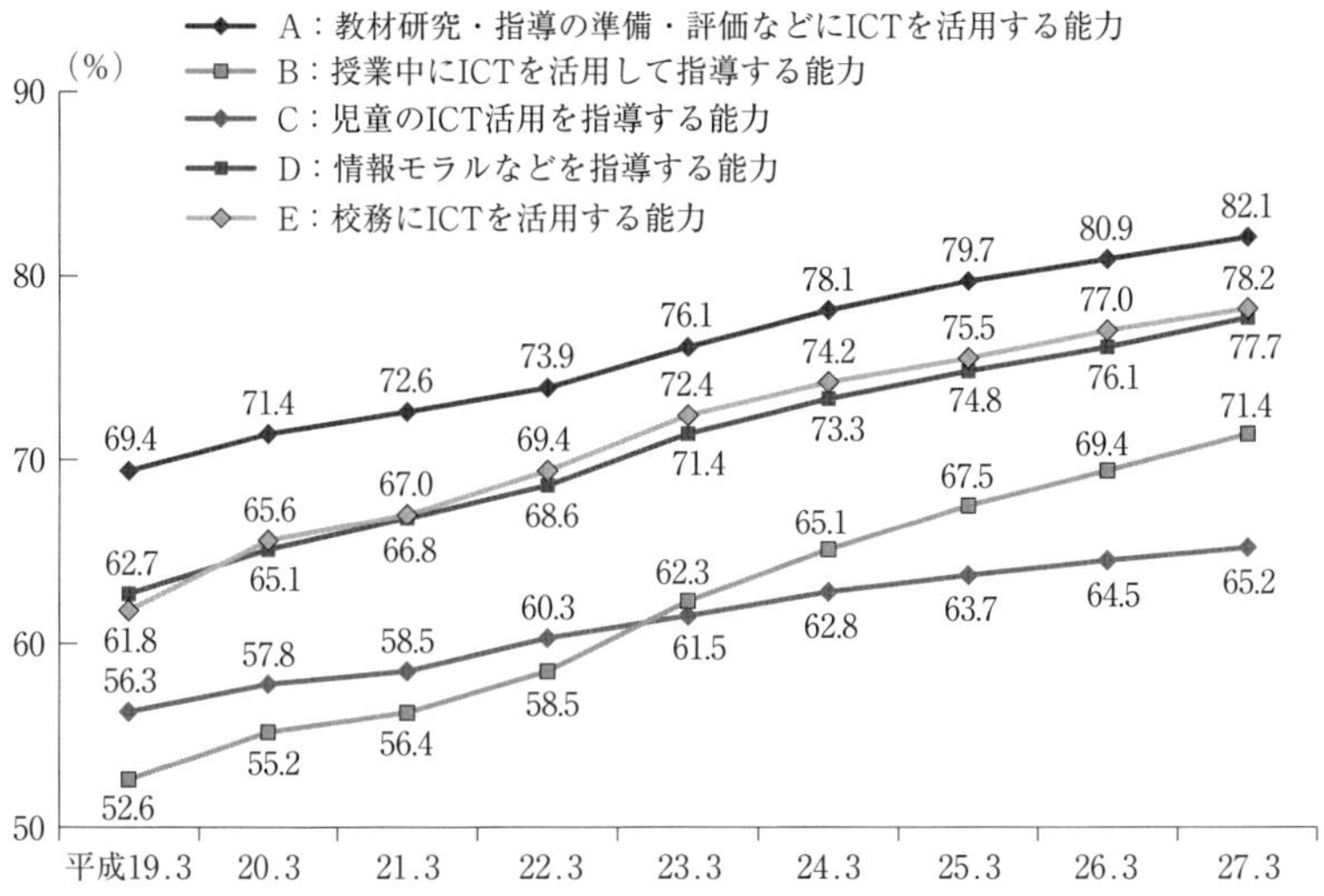

図6　教員のICT活用指導力の推移

出所）平成26年度　学校における教育の情報化の実態等に関する調査結果（概要）（平成27年３月現在）平成27年10月　文部科学省

で、現状として気になるところを一つお話ししたいと思います。

皆さんもご存じのとおり、ＩＣＴを学校で使う動きが結構進んでいます。たとえばデジタル教科書を導入するとか、生徒一人ひとりにタブレットを与えて学習するといったことです。もちろん、学習効果は上がると思うのですが、いろいろと学校の先生がＩＣＴを活用する能力について、ようやく八割ぐらいのパーセンテージになっているのですが、タブレットを児童生徒に持たせて、そして児童生徒にＩＣＴの活用を指導することのできる先生については、まだ少ないのが現状です（**図6**）。この状況で、数年後にタブレットを生徒一人ひとりに導入して授業をしろと言われても、アクティブ・ラーニングの導入もありますので、まだまだむずかしいのかという感じがします。
これを想定しまして、本学でも教職科目でタブレットを使った授業を行っているのですが、まだまだ学生が慣れるので精一杯です。ようやく先生方がタブレットを自分で使う段階であって、それを生徒に使わせるということまではむずかしいと思います。学部の教員養成では、そこまで身に付けさせて出すのは、本学のスケジュールとしても、ＩＣＴの進化に対応しきれません。ですので、アクティブ・ラーニングにせよＩＣＴの活用にせよ、そのすべてを大学の教員養成の段階で請け負って、教育方法などをやっていくのはむずかしいかなと思います。ただし、答申も含めて、教員養成の段階でやるようになっていますので、その辺りが教育方法の担当として少し不安な状況だと思います。

引用資料

文部科学省の Web サイト

- 教育職員養成審議会「新たな時代に向けた教員養成の改善方策について（教育職員養成審議会・第一次答申）」平成九年七月
  （URL） http://www.mext.go.jp/b_menu/shingi/old_chukyo/old_shokuin_index/toushin/1315369.htm
- 中央教育審議会「これからの学校教育を担う教員の資質能力の向上について～学び合い、高め合う教員育成コミュニティの構築に向けて～」（概要）」平成二七年
  （URL） http://www.mext.go.jp/b_menu/shingi/chukyo/chukyo0/toushin/1365665.htm
- 「平成二六年度　学校における教育の情報化の実態等に関する調査結果（概要）（平成二七年三月現

在)」平成二七年一〇月

※　最新（平成二七年度の調査）のものは、本誌刊行時には下記で公開されている。

（URL）　http://www.mext.go.jp/a_menu/shotou/zyouhou/1287351.htm

関東地区私立大学教職課程研究連絡協議会　研究部第二部会（教職課程組織運営部会）、「『教職センター』の機能と課題―教職課程組織運営及び『教職センター』に関するアンケート結果から―」二〇一六年、一四頁

早稲田大学教職支援センター二〇一六年度リーフレット

「早稲田らしさ」を活かす教師教育
―卒業生調査を踏まえて―

早稲田大学教育・総合科学学術院教授　菊地　栄治

私からは、「『早稲田らしさ』を活かす教師教育」という主題のもと、「卒業生調査を踏まえて」という副題で報告させていただきます。この調査は、稲門教育会のみなさまにご協力いただき実施したものです。なお、質問紙を検討する際に、研究部会の先生方には大変貴重なご意見をいただきました。

調査結果の紹介に先立ちまして、サンプル特性について説明いたします。ご承知のように稲門教育会には必ずしも教職に就いた早稲田大学卒業生全員が加入するわけではなく、ある意味ではボランタリーな組織です。したがいまして、サンプルとしての代表性には一定の限界があります。実際、年齢層的には上の方が多くなっており、四五歳以上の方が九割を占めています。それから意外なことに、公立学校が非常に多いのです。早稲田は私立ですが、先ほど三尾先生からもありましたように、採用されているのは公立がかなりの割合を占めていて、それを反映する形で九五%が公立学校、そして七割が高校です。なおかつ、男性が八割以上と大半を占めています。これは同窓会組織や稲門教育会の一つの課題だと思うのですが、なかなか幅広い年齢層、キャリアにわたっての組織になっていないという点があります。多様性という財産をまだまだうまく生かし切れてきれていないというところが課題だなとは思います。以下では、その稲門教育会の先生方にご協力いただいて実施した調査の結果を報告させていただきます。

教職の自己評価と力量形成の契機

回答内容は、いずれも自己評価です。調査結果の全体の特徴としては、校務分掌の仕事をこなせる力、生徒と関わる力、保護者とうまくやりとりする力、生徒指導をまとめる力を身につけていると回答している先生が多く、周りの人と関わりながら動いていくような、関係づけに関わる項目を中心に、全般的に非常に自己評価が高いようです。

逆に、比較的新しいトレンドに関わるような項目、すなわち、職場での新しいテクノロジーを活用する力や異質な他者と関わる生徒を育てる力、特別支援教育などは、自己評価があまり高くなっていない結果となっています。経験しないと自己評価は上がらないという分野なのかもしれません。

それから、力量形成の契機についても尋ねてみました（図7・図8）。

知見の一つ目は、すべてにわたって自己研修で身につけたという先生が非常に多い点です。これは昨今の特徴として、行政研修、官製研修と呼ばれる研修がかなり増えていまして、自分で内発的に学ぶ機会がどんどん削ぎ落とされているという現状があります。しかも、「教員の多忙化」がこの傾向に拍車をかけています。しかし、本調査を通して、自己研修の中で問題や課題を

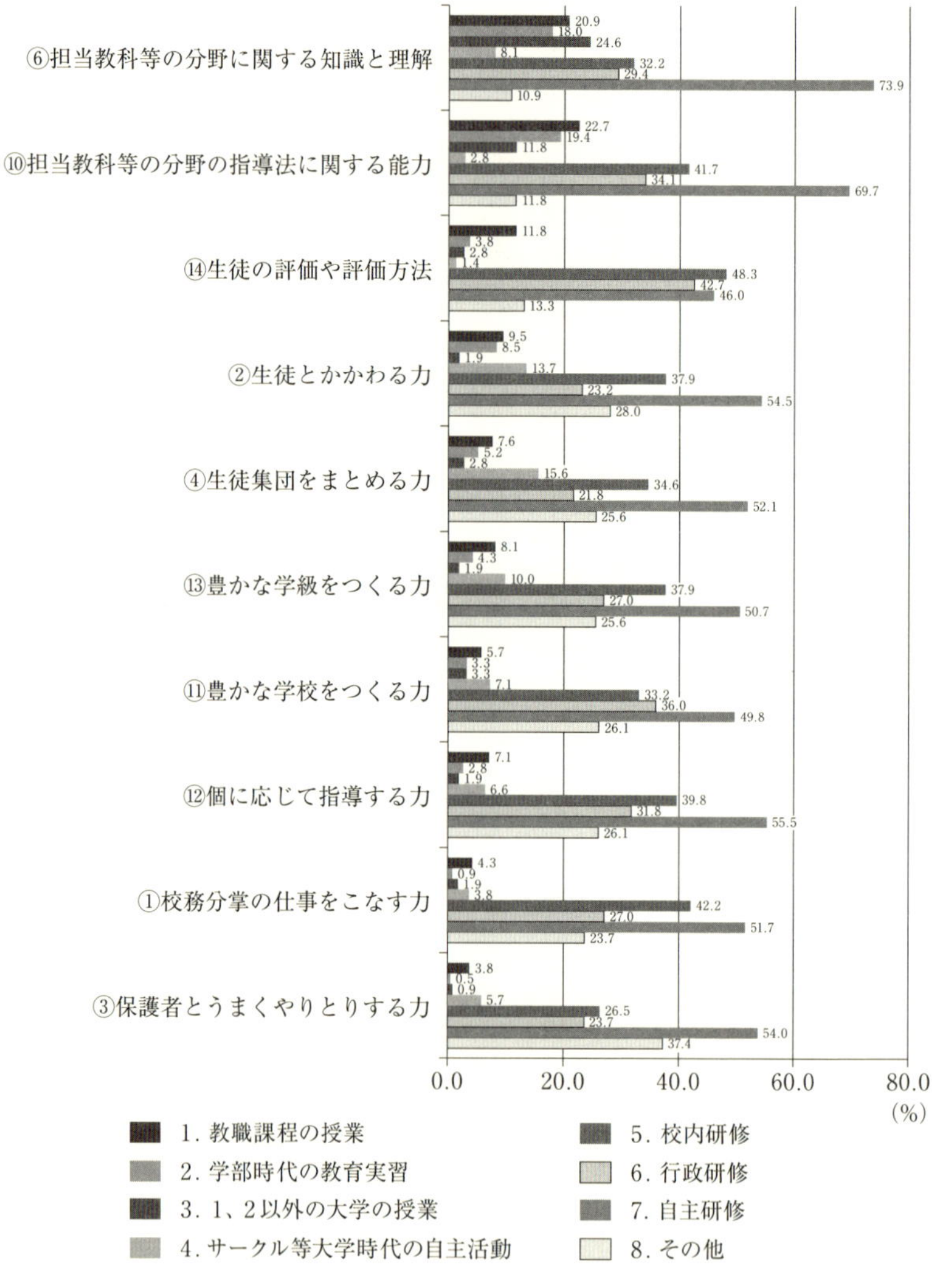

図７　力量形成の契機（その１）

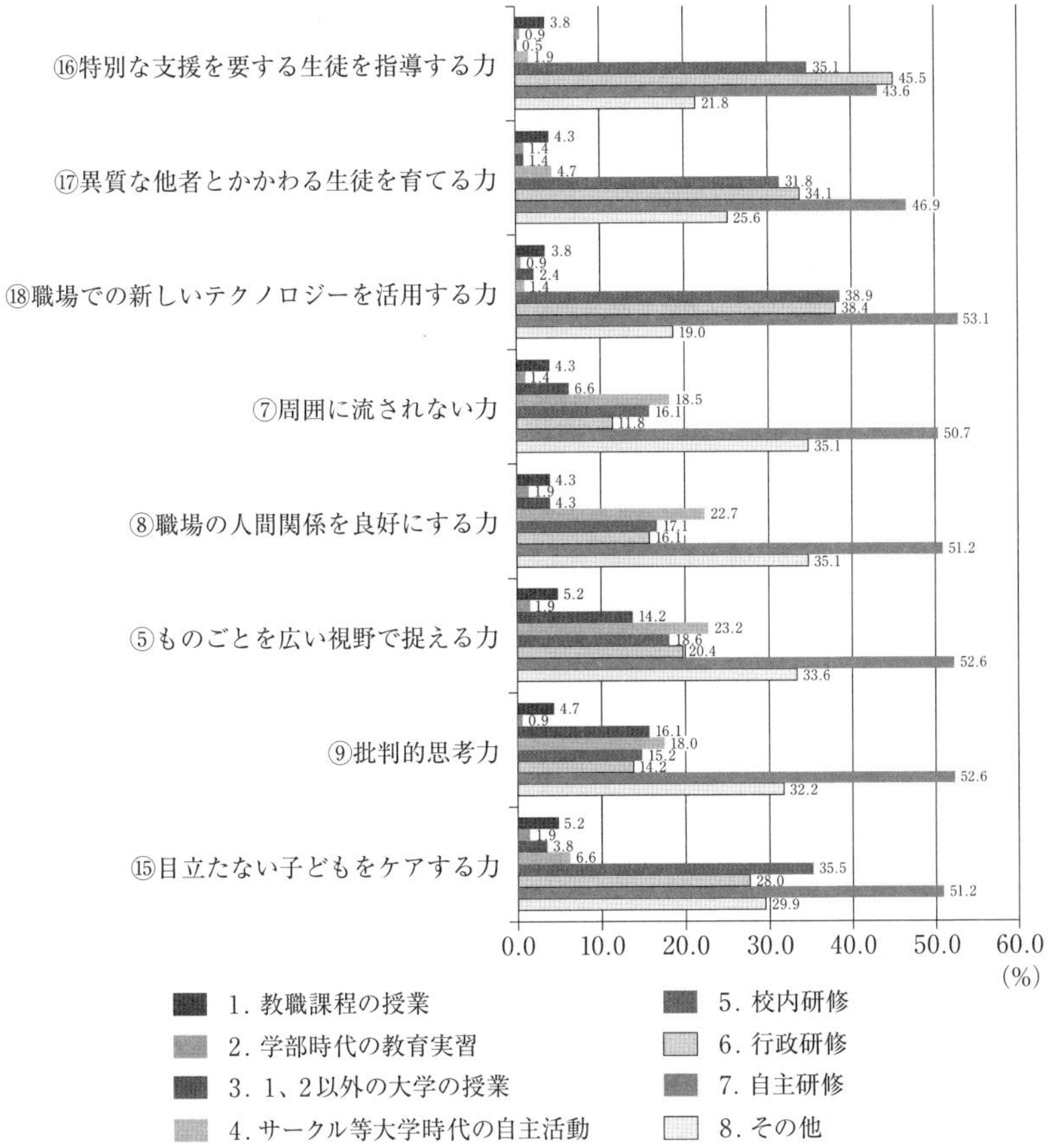

図8　力量形成の契機（その2）

見つけて、自ら学んでいったという評価が非常に高いという特徴が浮き彫りになりました。とりわけ教科の専門性に関わる項目については、自己研修というのがかなり重要だということです。

それから二つ目には、大学での学びは直接教員生活にプラスには作用しないという評価が根強くあるという点があります。ただし教科指導においては、教職課程の授業、あるいは教育実習の影響がかなり強く、よい効果を持っているのではないかとも推察されます。また、教職課程以外の大学の授業に関しては、批判的な思考力や教養的要素の育成に一定の効果があると評価されています。教職のために役に立つというだけではなく、そもそも思考力を鍛えるといいますか、そういう幅広い授業を自分の意思で選択して学んだことが、教員生活にプラスに作用している。この結果からはそのような解釈が可能です。

三つ目が、校内研修が力量形成に果たす役割で、これが非常に大きいようです。この点は、TALISというOECDの調査の中でも言及されていて、学校の中で学び合うという点がきわめて重要な日本的特徴だと言われています。本調査も、それを裏付けるような結果になっています。特に生徒の評価や評価方法をどうするかという点に頭を悩ませている先生方も多く、それを校内研修で身につけたとふりかえられています。個別の具体的な実践に関する力については、やはり校内研修を頼みとするところが大きいのではないかと思います。大学でできることと、学校の現場で学ぶ方がよいことを丁寧に区別しておく必要があります。何でも大学で……というのは、大いなる幻想だということがわかります。

他方、行政研修はどんどん増えていますが、もちろん無意味だというわけではありません。たとえば特別支援教育やICTなどの新しいトレンドの項目については、やはり行政がきちんと責任を持って、しっかりとプログラムを用意して提供する方が教師にとってはありがたいし、それはそれで意味があるのだろうと思います。

これらに加えて、「力量形成の契機」では「その他」の割合が比較的大きいことも、やはり見逃せないと思います。とりわけ、この選択肢の項目にはないような経験、ここでは「余白」と表現しますが、そういうところで学ぶ先生方は多いようです。それに対して、こういうプログラムを受けるとこういう力が付くということで、研修をどんどん増やしていくと、大切な「余白」がなくなってしまいがちです。この点は私たちが陥りがちな罠として留意すべきだと思います。

最後に、サークルについて触れておきます。早稲田にはサークルが数百団体あります。全部が全部良質だとは言い切れませんが、いろいろなサークルがあることは財産です。見えないカリキュラムの中で自然に身についていくような力も、あながち侮れないというところが実感としてあります。

力量形成を支える経験とは?

次に、実際に経験したことと力量の自己評価の関係についてみていきます(図表省略)。

第一に、キャリアに関わる項目につきましては、企業でのまとまった就労経験が校務分掌をこなす力と関わっているようです。企業で学べば何でもできるという幻想も一部あります。ただしそれは、それ以外の力にはプラスには働きません。また、教育委員会での経験等は、学校経営事象について、全体を見て学校を動かしていくようなマネジメントの力にプラスに働いています。それから、ＮＰＯやＮＧＯの経験が、異質な他者と関わる生徒を育てる力にプラスに作用している点も注目されます。

第二に、自主的な教育研究会と学会発表の経験は、幅広い項目において効果を及ぼしているようです。この効果は、決して侮れません。学術研究は、教職の力とは関係ないのではないかと誤解されがちなのですが、自分で深く考え、それを人に伝えるという経験は、とてもプラスに働いているということがわかります。課題を自分で見つけ、考えることも同様です。先ほどの自己研修の効果とも絡んでくるのですが、思考停止しないことの重要性を示しています。

第三に、大学時代の教職課程関連科目の成績が、幅広い分野にわたってプラスになる点です。たとえ過去の経験であっても、真面目にきちんと学ぶ経験は、教員生活にとってとても大切だろうと思います。

第四に、健康への不安や学校忌避感情、つまり、学校に行きたくなくなるという感情です。そういったものが、組織運営の自己評価にマイナスの影響を及ぼします。それから、勤務校への誇りも結構大切で、教師の自己成長の重要な要因になっています。私自身の研究経験から得た実感とも一致します。「しんどい高校」、教育困難校では、あと何年すればここを出られるかと指折り数えて待っている先生が少なくないようです。そうすると、本気でその学校をよくしようと思わなくなってしまうのです。しかし、本当はそこでいろいろなことを学び、生徒のいろいろな姿を見てたくさん学ぶことがあるのです。むしろ進学校よりも困難校の方が、学ぶことは多いかもしれません。本当に、しばらく腰を据えて、学校づくりに関わろうと思うか思わないかで、全然その人の血となり肉となるところが変わってくるということです。

第五に、これも不思議だったのですが、異論のあるときに自分の意見を伝えられるということが、ほとんどすべての力量項目でプラスの影響を与えているということです。自分で考え、自分の思いをきちんと伝えるというところは、自律性の一つの表れではないかと思います。あとは、他者に対する優しさも、自己成長には深く関わっているということです。

ここまでの知見をまとめると、教師個人としての自律的な経験や他者との関係性、あるいは学びへの関わり方が、教師の自己成長の鍵を握っているのではないかと指摘することができます。

「早稲田らしさ」の本質

次に、「早稲田大学の隠れたカリキュラム」に話を移します。もちろんこれは早稲田と早稲田以外を区別するということではなく、シンボリックな概念として、今、社会の中で大事にされていないことを早稲田は伝統的に持ってきたのではないか、そしてそれをこれからもさらに発展させて大事にしていくべき一つのキーワードではないかと考え、あえて「早稲田らしさ」を強調したいと思います。

サンプル特性上の限界もありますが、早稲田の卒業生は、自己研鑽が非常に顕著です。非常に真面目に取り組んでいます。そういう方が稲門会に入っているという背景もあるのですが、とりわけ誇りを持って教職に就いていらっしゃいます。しかも生徒の学習支援や批判的思考の促進に、

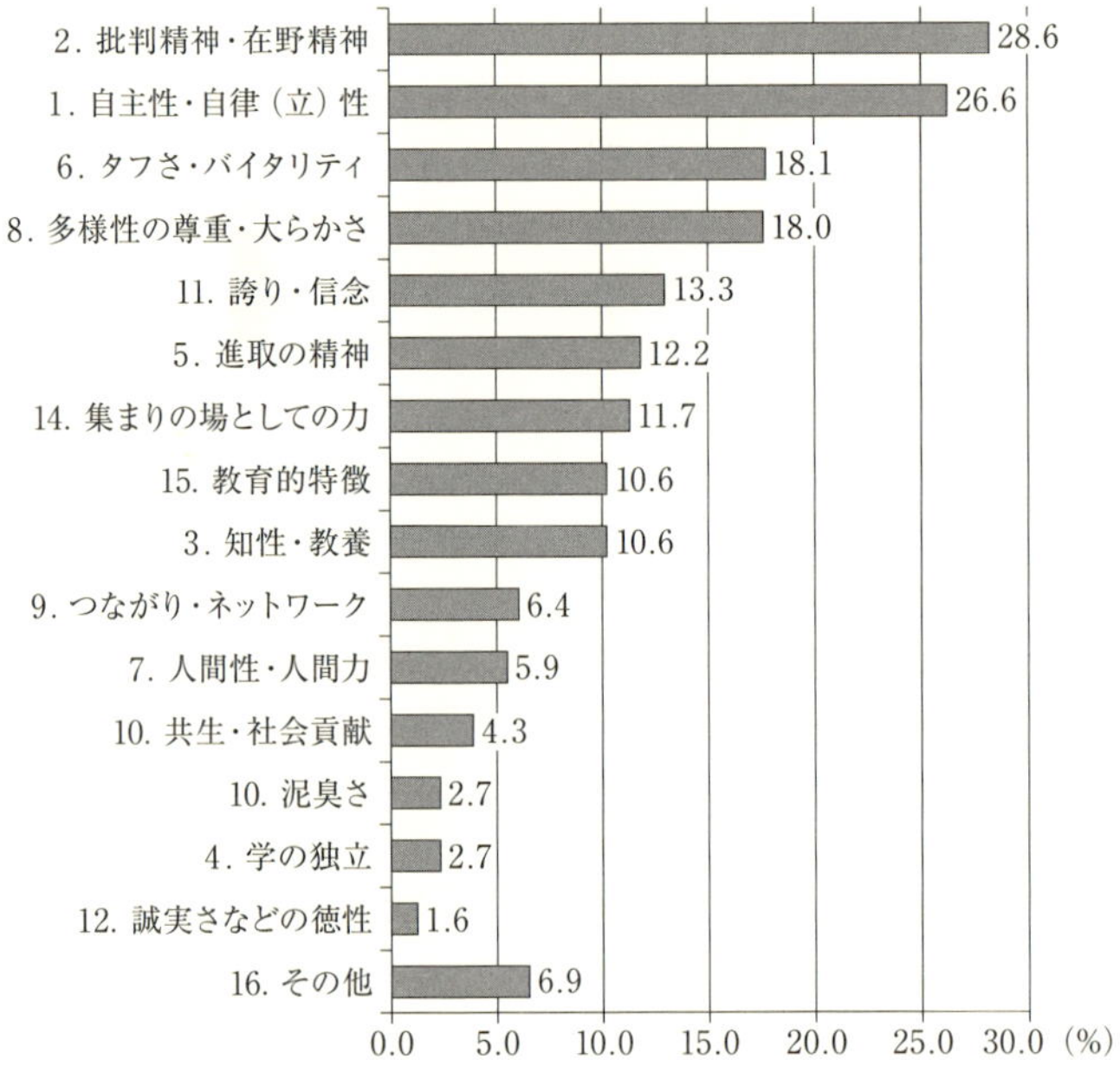

図9 「早稲田らしさ」のカテゴリー

一定の自信を持って働いています。

そういう意味では、自律的、専門的な学びを深めている、そして他者との関係性を構築していく、それから異論をしっかりと伝えていくというような点に、早稲田らしさという特徴が浮かび上がってくるように見えます。これらが力量の自己評価の要因となっている点が、早稲田の持っている一つの伝統であると考えられます。

では、卒業生が考える早稲田の特徴は何でしょうか。「早稲田らしさ」として思い浮かぶことを自由に記述していただきました。結果的に**図9**のような項目が挙がりました。

第一位が、批判精神・在野精神、第二位が自主性・自律（立）性で、これら二つが断トツです。あとは、タフ

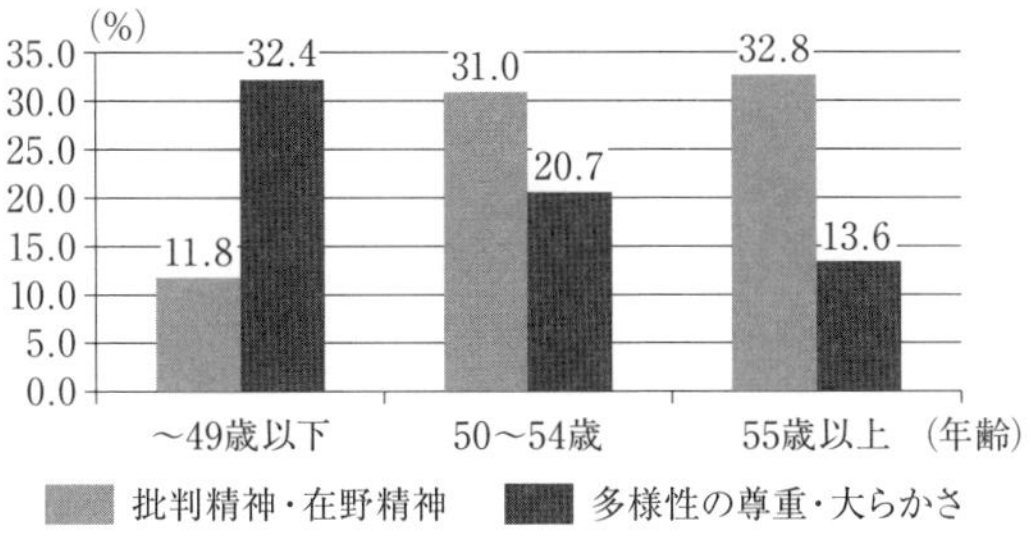

図10 「早稲田らしさ」のカテゴリー（年齢別）

さ・バイタリティ、そして多様性の尊重・大らかさという順番になっています。下のほうに、泥臭さというものもあり、褒めているのかけなしているのかわからないものもあります。

とりわけ興味深かったのは、批判精神・在野精神と多様性の尊重という二つの「早稲田らしさ」の年齢別の違いです（図10）。五五歳以上の先生方は、批判精神・在野精神、これが早稲田だとおっしゃる方が多く、逆に若い先生方は、多様性の尊重・大らかさといった具合に、少し漠然とした感じがあります。どちらがよいというわけではないのですが、これも時代の特徴を表しているかなと思います。それから、人とのつながりです。社会関係資本としての早稲田、それが非常に重要な特徴として挙げられます。

教員生活にとってプラスになっているのは何かということで、早稲田大学の学びの中で挙げていただいたところ、やはり人とのつながり、それから多様な学生・多様な価値観が挙がりました（図11）。多様性というのが一つのキーワードであることは間違いありません。そしてその中で、人とつながることによって鍛えられていくというところが、今の教員生活にプラスに働いているという声が多いように思います。

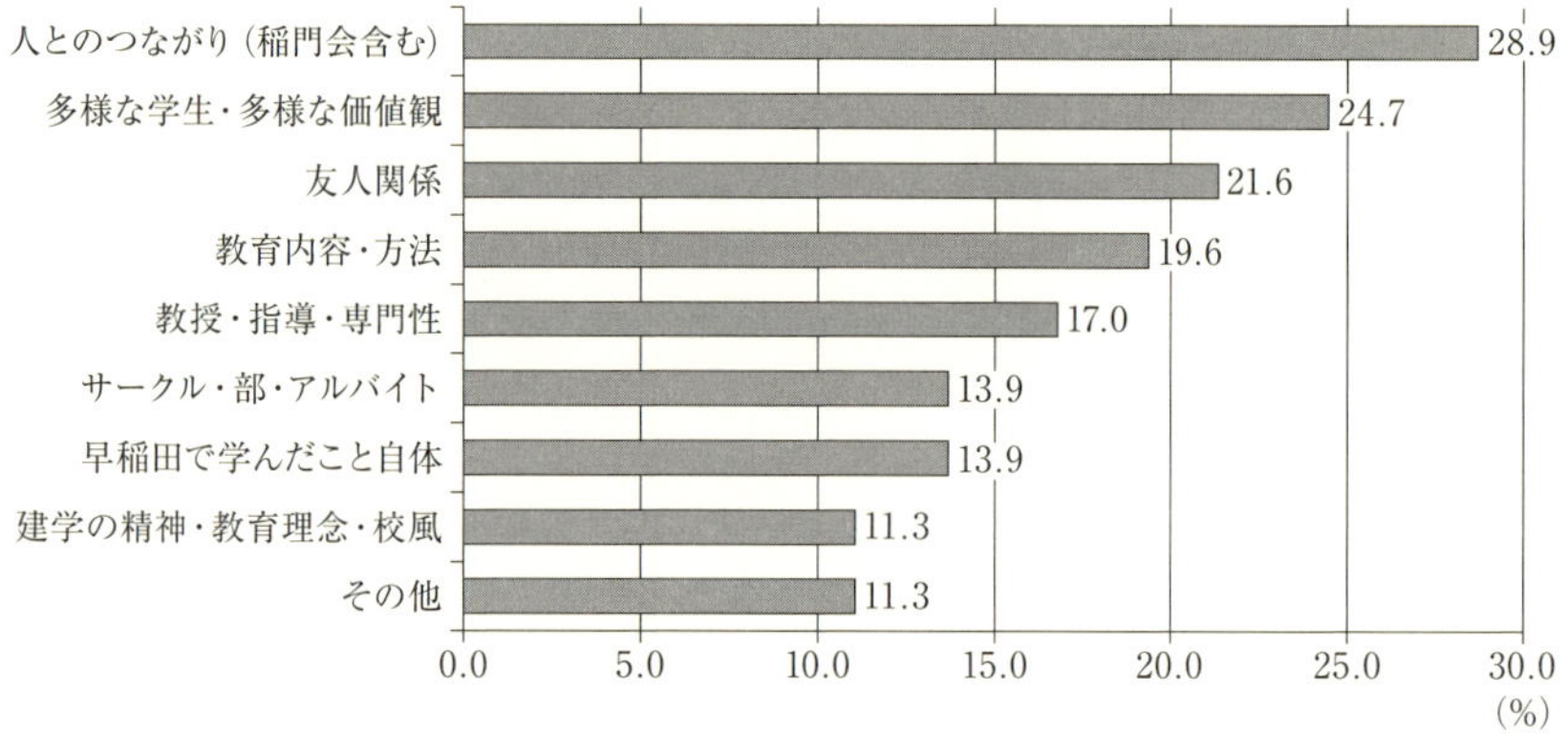

図11　教員生活にとってプラスになっている「早稲田大学での学び」

教師教育へのメッセージ

最後に、卒業生の声から浮かび上がったことを、私なりに整理してみました。

ひとつは、早稲田大学が養成すべきことはいったい何かということです。結局のところ、教職の開かれた専門職性ということともかかわってくるのですが、違った意見や異質な他者によって構成される社会の中で、いろいろな声を反映させながら、その場をつくっていくような主体を育てていくことではないかと思います。

教育基本法もそうですが、さまざまな法律の中で、社会の形成者を育てるのが教師の役割だといわれています。ところが、日本においては、そこがあまり強調されません。逆に、社会に同調させる圧力が強く、社会に適応できる人を育てるといった側面が少し強くなり過ぎている点が昨今の特徴ではないでしょうか。立法の原点に、あるいは、教育の社会的基底にもう一度、立ち戻るべきというのが一つ目のメッセージです。

それから、教育改革のオルタナティブとして、学びのあり方の転換を軸にしながら現状を超え、来るべき社会に結び付けていくということです。狭い教育の世界に閉じないで、広い社会と出会わせる、そういうところも大切な課題としてあるのだと思います。

最後に、卒業生からのメッセージとして、教員養成についてたくさんの貴重な声を寄せていただきました（巻末付録参照）。なかなか強引にまとめられない部分もあるのですが、いろいろなご意見の中には、たとえば、「タフさが足りないというか、もっと鍛えてほしい」というような内容もありました。それから、先生方からの非常にありがたいお申し出として、「夏休み等に、自分たちのところに来て学んでほしい、学校の現場をよく知るための機会を提供することには協力できます」というご意見をいただきました。そのほか、学問を深めてほしいなど、さまざまな声が記されていました。

以上、雑駁ですが、「早稲田らしさ」を切り口にしながら浮かび上がってきたことがらを参考にしていただき、教師教育改革のあり方を考える手がかりとしていただければ幸いです。

最後になりましたが、お忙しい中調査にご協力いただきました方々にこの場を借りて御礼申し上げます。

（注）本調査結果につきましては、以下で詳細に紹介させていただいておりますので、あわせてご参照ください。拙稿「早稲田大学教員養成システムの未来像―卒業生質問紙調査を手がかりに―」『早稲田教育評論』第三〇巻第一号、二〇一六年。

国語科教育からみた教師教育の展望

早稲田大学教育・総合科学学術院教授　町田　守弘

はじめに

教育学部の国語国文学科で国語教育を専攻する町田守弘と申します。

今回の講演会のテーマは「早稲田大学が創る教師教育―可能性としての『早稲田』」という、いささか抽象的なものです。このテーマを扱うためには、何か具体的な視座が必要になるでしょう。わたくしは国語教育を専攻していることから、「国語科教育からみた教師教育の展望」について提案することになりました。そこで、今回のテーマに次のような視座からささやかなアプローチを試みたいと思っております。教育一般というよりは、主に国語科に特化した話題を中心に扱うことになります。

①わたくし自身が早稲田大学で何を学んだか。
②それを中学・高等学校の教育現場でどのように生かしてきたか。
③いま大学の教師教育でどのような取り組みをしているのか。

すなわち、わたくし自身の「国語教育個体史」を明らかにすることによって、今回のテーマに少しでも関連づけることを考えました。ただし当然のことですが、あまり個人的な印象のみを扱うのは避けなければなりません。今回のテーマは「早稲田大学が創る教師教育」ですから、以下の二点を踏まえた提案を試みることにします。

その一つは、菊地栄治教授がまとめられた卒業生への調査結果とその考察です。今回の講演会でもすでに菊地教授からのご提案がありましたので、その内容を受け止めつつ、自身の体験とからめて考察を進めたいと思います。

いま一つは、早稲田大学国語教育学会の取り組みです。この学会は一九六三年に設立された学会ですが、早稲田大学の関係者を主な会員として、さまざまな活動を展開しております。この学会の特色を考えることは、今回の研究テーマと関わるような気がしますので、提案の中に少し含めることにいたします。

早稲田で学び早稲田で教える

わたくしは早稲田大学教育学部国語国文学科で学びました。一年生のころから国語国文学の専門科目が設置され、日本の国語国文学研究者を代表する高名な先生方から直接学ぶことができたことは、生涯の大きな財産になっております。ただし、わたくしが主に学んだのは国語科の教科内容に関わる学問であり、教科教育に関わる科目は唯一教職課程の「国語科教育法」のみだったと思います。しかも担当されていたのは日本近代文学の著名な研究者の先生で、「国語教育」よりは「日本近代文学」を学んだような気がいたします。わたくしは大学の授業を通して、国語国文学を研究することの面白さを僅かながらも理解することができました。そしてこの事実こそが、今回のテーマである「早稲田大学が創る教師教育」のもっとも重要な特色ではないかと考えております。

早稲田大学を卒業した後、中学・高等学校の教育現場に勤務して国語科の授業を担当することになったとき、役に立ったのは大学で学んだ国語国文学、および中国文学の知見でした。まさに日本の研究者を代表する先生方から直接教わった知見によって、教材研究が充実したものになり、現場での授業創りに直接役に立ったことになります。わたくしは現在国語教育、すなわち教科教育を専攻しておりますが、国語教育に関する知見は教育現場に出てから十分に学ぶことができるものでした。

以上のようなわたくしの体験によれば、大学の国語科の教師教育ではまず教科内容に関わる国語国文学の授業内容を充実させて、国語教師としての力量をしっかりと形成することがもっとも重要であると思うのです。国語教育に関する研究は、教育現場において展開することが可能でしょう。わたくしは国語教育関係の学会や研究会に所属して、研究会に参加してさまざまな実践を学びました。また自らの実践をまとめて報告したりして、研鑽を続けてまいりました。大学での学びは、国語科の教科内容に関わるものが中心となるはずです。国語国文学に対する知見を学んだうえで、それをどのように扱うのかという国語教育の学びが必要になります。

わたくしが勤務したのが早稲田大学系列の私立学校ということもあって、担当した国語科の授業では、比較的自由に教材を選定し、自身の判断で扱うことができたように思います。授業においてもっとも配慮したのは、学習者の興味・関心の喚起と学力の育成という点でした。少しでも学習者が興味を抱くような素材の教材化を工夫し、また学力育成のための年間課題を課したりしたものです。教育現場での試行錯誤は、とても重要な国語教育の学びとなりました。

ここで、早稲田大学国語教育学会の話題に少し触れておきたいと思います。この学会が設立されたのは、一九六三年のことでした。設立世話人代表は川副國基氏で、設立総会の案内状には次のようなメッセージがありました。

母校早大の国文科を卒業されて、中・高校の教職に就かれた方々は、まことに多数にのぼり、わが国国語教育界の一大勢力となっております。（中略）このあたりでひとつ、とりあえず東京中心ということになりますが、早大国語教育学会というものを結成し、母校の国文の先生方と現場の国語教育に挺身しておられる校友の方々との、親しい交流の上での研究をもちたいという気運が、盛りあがって来ました。

この内容から、この学会では設立当初から「母校の国文の先生方と現場の国語教育に挺身しておられる校友の方々との、親しい交流」が目指されていたことがわかります。それは換言すれば、「研究」と「実践」との交流ということにもなります。学会の例大会の内容を振り返ってみると、設立当初から日本文学および日本語学に関わる教材研究が行われてきました。日本文学研究に関する内容では、古典（古文と漢文）と現代国語（現代文）の研究がバランスよく、ほぼ同じ回数でなされています。一九九〇年に大学院教育学研究科が開設され、国語教育専攻が設置されて、国語教育の研究が推進されたこともあって、「文学研究・教材研究」と「国語教育」とが両立する形で、学会を支えてきたことになります。このような早稲田大学国語教育学会のあり方は、わたくしたち早稲田出身の国語教師に一つのモデルを提供してきたことにもなると思うのです。

大学の「国語科教育法」について

早稲田大学に着任してから、学部の教職課程科目である「国語科教育法」の担当を続けています。わたくしが中等教育の現場で直接得たさまざまな知見を活用した授業を、工夫しているところです。この科目の扱いにおいては、以下のような点に配慮しております。

①「国語科教育法」の授業そのものをテクストとした、入れ子構造型の授業を目指す。

受講者は単に受動的に授業を受けるだけではなく、授業を一つの研究対象として把握し、能動的に国語科教育の課題を引き出すべく努力することになります。この「メタ授業」とも称すべき構造を、「国語科教育法」に取り入れることにしています。

② 大学の「国語科教育法」の授業と中学・高校現場との交流を可能な限り実現する。

具体的には、次の三つの方法によって受講者と現場との交流を実現しています。

(1) 学習課題を用いた交流―「交流作文」の試み

作文指導の問題を扱う際に、受講者に中学生もしくは高校生を対象とした短作文の課題を工夫させています。その課題を実際に現場の学習者に与えて作文を書かせ、それを改めて出題者の学生に戻して、評価をさせることになります。評価の済んだ作文は、課題に取り組んだ学習者のもとにフィードバックします。このような「交流作文」によって、直接大学生と現場の学習者との交流が実現するのです。

⑵ 公開授業への参加を通した交流

授業を研究するためには、授業に直接接する必要があります。録画を通して研究することもできるのですが、実際に教室で学習者の反応を見る方が好ましいでしょう。そこで教育現場に依頼して公開授業を企画し、希望する受講者を参加させることによって、直接現場の授業の雰囲気を体験させることもありました。

⑶ 特別講師として現場担当者を招聘しての交流

現職教員に協力を要請して、「国語科教育法」の授業に特別講師として招聘し、教育現場の現状や教師という仕事について講話を依頼するものです。事前に受講者から質問事項を尋ねておいて、あらかじめ講師に伝えるようにしています。

⑷ 学会・研究会への参加による交流

国語教育関連の学会や研究会が開催される場合、受講者には積極的な参加を促すようにしています。

③ 講義法による展開に偏らず、模擬授業を取り入れた実践的な内容を工夫する。

受講者による模擬授業を積極的に導入するように心がけています。授業実践の体験から得るところは大きいはずです。模擬授業の際には、研究協議を充実するように心がけています。またすべての受講者に具体的なコメントを記入させ、コピーをして授業者にフィードバックするようにしています。

④受講者との対話を密にする。

大学の授業はとかく担当者と受講者との間に距離が生じやすいのですが、「国語科教育法」の授業は受講者の数が四〇名前後と中学・高校の現場に準じたものであることから、一人ひとりの学生との対話を可能な限り実現するべく努力しています。

以上、あくまでもわたくし自身の取り組みにすぎませんが、「早稲田大学が創る教師教育」というテーマを重ねてみたとき、このような実践を紹介する意味もあるような気がいたします。

「早稲田らしさ」のカテゴリーとの関連

これまで、主にわたくし自身が早稲田大学で学び、系列の中学・高等学校に勤務して心掛けたこと、そして早稲田大学の教職課程科目「国語科教育法」で扱ってきたことなどについて言及してまいりました。ここで、先に触れた菊地栄治教授の研究による「『早稲田らしさ』のカテゴリー分類表」に関連づけて、改めて捉え直してみたいと思います。

わたくしがこれまでに取り組んできたことを、菊地教授が言及された①～⑯のカテゴリーに当てはめてみると、どのような事項が対応するかを考えてみました。もちろん以下に掲げるのは、あくまでもそれぞれのカテゴリーのひとつの事例にすぎません。また重複があって、必ずしも一つのカテゴリーに収まらないような内容も含まれています。

①自主性・自律（立）性
教科書教材のみに依拠することなく、自主教材を開発して実践を試みたこと。
②批判精神・在野精神
たとえば「メディア・リテラシー」の問題を扱うなど、批判的な意識の高まりに関連する内容を扱ったこと。
③知性・教養
教材研究および授業研究を徹底して、その教材に関する知見を充実させ、また先行実践を確認するなど、授業研究も推進したこと。
④学の独立
ＴＭ（教師用指導書）にあるような内容をそのまま授業に持ち込むのではなく、自身で調べた内容を大切にすること。
⑤進取の精神
学習者が興味・関心を有する素材を教材化して、既存の教材には見られないたとえばサブカルチャー教材を開拓していること。
⑥タフさ・バイタリティ
教材研究とともに、授業の準備とアフターケアに全力で取り組むこと。しっかりと準備ができた授業はやはり好ましい内容で、学習者のレポートを点検すると、さまざまな実態が見えてくる。また時間をかけてでもコメントを書いたりすると、学習者の反応がきわめてよくなること。

こと。

⑦人間性・人間力

学習者との人間的な関係を重視し、常に声をかけたり、レポートにコメントを記入したりしたこと。

⑧多様性の尊重・大らかさ

一つの考え方を押し付けるような対応は極力避けて、学習者の多様な考え方を尊重したこと。

⑨つながり・ネットワーク

卒業生などのつながりをもとにして講師を依頼し、授業に特別講師として招聘したこと。

⑩共生・社会貢献

自身の実践は、可能な範囲で学会等の場所において実践報告をし、また実践論文にまとめるようにしたこと。

⑪誇り・信念

自身の教育観はしっかりと確立して、仕事に臨んだこと。もちろん単に自身の考え方を主張するのではなく、さまざまな判断に謙虚に耳を傾けつつ、自身の理念はしっかりと持つようにしたこと。

⑫誠実さなどの特性

学習者に対して常に誠実な姿勢で接し、授業中の教育話法に配慮して思いやりのある丁寧なことばで語りかけるようにしたこと。

⑬泥臭さ

決して飾らずに、自身の考えをなるべくストレートに学習者に伝えるようにしたこと。

⑭集まりの場としての力

講義中心の「垂直型」の授業よりも、グループやクラスの「教室の文化」を活用した「水平型」の授業を重視し、グループワークを積極的に取り入れたこと。

⑮教育的特徴

学習者とのコミュニケーションを大切にしたこと。毎時間提出させる「授業レポート」には、必ず「ひとことメモ」の欄を設けて、学習者とのつながりを尊重したこと。

⑯その他

勤務校が早稲田大学、およびその系列校であったことから、授業の内外でさまざまな形で早稲田を話題にして、学習者の興味・関心を喚起したこと。

以上は、あくまでもイメージにすぎないのかもしれませんが、わたくしがこれまでに国語教師として取り組んできたことを「早稲田らしさのカテゴリー」に当てはめるという作業は、実感としてさほど困難なものではありませんでした。卒業生のアンケート集計のデータは、わたくし自身の体験と大きな齟齬はないと言えるでしょう。

国語科教育からみた教師教育の展望―総括と課題

ここで総括を兼ねて、わたくしの教師教育に関する考え方を整理してみたいと思います。わたくしは学部と大学院で国語教育関連の授業を担当していることから、これまであまり言及しなかった大学院の話題も取り上げます。まず教師教育の目標として自覚しているのは主に次の二点です。これはまた、学生・院生の国語教育に関する目的意識とも重なるように思います。

①小・中・高の教育現場で適切な指導ができるような、教員としての力量形成を目指す。

②教育現場での実践に役立つ理論を整理し、理論と実践双方への目配りをする。

このうち前者の課題に関しては、「教員としての力量」を二つの側面に分けて考えることができます。その一つは国語科の教科内容としての日本語学・日本文学、そして中国文学に関する専門的な知見を深めることによって養われる力量です。いま一つの専門的な力量として、教育方法すなわち指導法に関する力量もまた求められるところではあります。そこで直接国語教育に関わる研究が必要になります。

後者に関しては、国語教育理論の研究成果について、必要に応じて授業に取り入れたいと思っています。「教科内容学」および「教科教育学」の分野に関して、バランスよく扱うことができるようなカリキュラムの構築が重要ではないかと考えております。

早稲田大学には、まさに多様な人材が集まっています。わたくしの担当する大学院の研究室を例にすると、二〇一六年度現在修士課程に七名、博士後期課程に五名の合計一二名の院生が在籍しています。在籍する院生の年齢は多様で、男性と女性、学部から直接進学したメンバーと現職の教員、そして海外からの留学生を交えて、研究を展開しております。このメンバーの多様性は、「早稲田大学が創る教師教育」という今回の研究テーマにとって重要な意味を持つものと考えております。海外からの留学生について紹介すると、わたくしの研究室には現在二名の中国からの留学生が在籍しております。すでに博士論文・修士論文を提出して修了した三名の留学生もかつて在籍しておりましたが、全員が中国の国語教育と日本の国語教育との比較研究を研究テーマとして、意欲的な研究活動を展開しております。演習の際の研究発表を通して、中国の国語教育の現状を共有することができると、研究室メンバー全員の問題意識が深まります。共時的かつ通時的な研究が求められる今日、外国の国語教育との比較ができるということも、研究室メンバーの「交流」によってもたらされます。

いま話題にした「多様性」および「交流」こそが「早稲田大学が創る教師教育」の重要なキーワードであると考えております。そして、教育の中心にいるのは、学習者です。当然のことですが、一人ひとりの学生を大切にしなければなりません。この「学習者中心」の考え方も、キーワードに加えたいと思います。大学もまた初等・中等教育現場と同様に、担当者は魅力溢れる授業が展開できるようにしっかりと準備を整えたいところです。そのような指導者の姿勢に学びつつ、学習者は授業を構想することができるはずです。このような「メタ授業」としての側面も、教師教育では大切にしたいと思います。

最後に一つエピソードをご紹介します。わたくしは「教職実践演習」という授業を担当しているのですが、その授業でいつも「早稲田らしい教師はどんな教師だと思うか」という質問を学生に投げ掛けています。とても興味深いことに、大学四年生の受講者からは毎年、全く同じような回答が返ってくるのです。この回答の中には、菊地教授が整理された「早稲田らしさのカテゴリー」の中に当てはまるような内容が表明されるという事実があります。自然な形で学生の中に蓄積された意識が「可能性としての『早稲田』」を支えているのではないでしょうか。その内実をさらに追究することこそが今後の課題だと思っております。

社会科教育からみた教師教育の展望

早稲田大学教育・総合科学学術院教授　池　俊介

社会科教師に必要な力量とは

私は、これから以下の三点についてお話をさせて頂きたいと思っています。最初に、「社会科（高校の地歴科・公民科を含む）の教師に必要な力量とは何か」という基本的な問題について、これまでの議論を振り返りながら考えてみたいと思います。二点目ですが、私は社会科の教師にとって、身近な社会事象への関心を持つということがきわめて重要だと思っていますので、そうした関心を高めるための教科教育法のあり方について、とくにエクスカージョンという活動に焦点を絞ってお話をしたいと思います。そして最後に、今回のこの講演会のテーマにつながる「早稲田における教師教育のこれから」について、私なりの考えをお話しさせて頂ければと思います。

まず、社会科における教師教育に関する議論についてですが、これまでの文献を整理してみますと、次の二つの時期に多くの論文が出されているということに気づきます。一つ目の時期は、一九五〇年代後半から一九六〇年代の前半です。この時代は、国立の教員養成系大学・学部の態勢がちょうど確立した時期で、教員養成を行う大学において新たに各教科の「教材研究」や「教科教育法」などの授業が必修となりました。しかし、当時は今のように教科教育を専門とする研究者はほとんどいませんでしたので、たとえば「社会科教育法」の場合、歴史学、地理学、経済学等を専門とする先生が、まさに手探りで授業を担当しなければならない状況でした。そのため、当時は「教材研究」や「教科教育法」の授業をどのように構成したら良いのか頭を悩ませる担当者が多く、これらの授業のあり方について活発な議論が行われたというわけです。

二つ目の時期は、一九八〇年代後半から一九九〇年代の前半です。ご承知のように、この時期には小学校低学年の社会科が廃止され、生活科という新たな教科が登場します。一方、高校では社会科が廃止されて地歴科と公民科が設置されることになりました。そのような「社会科の危機」と言っても良いような重大な出来事がたくさん起こりましたので、「社会科教師として必要な資質とは何か」という基本的な問題を改めて問い直す必要性が生じたわけです。そのため、この時期にもかなり活発な議論が展開されました。

ただ、こうした議論の中で、「社会科の教師に必要な力量とは何か」というもっとも重要な問題について、はたして議論が深まったのかというと、私は必ずしもそうではなかったと思っています。その理由は、おそらく社会科の教師教育論には特有のむずかしさがあるからだろうと思います。それでは、その社会科特有のむずかしさとはいったい何なのでしょうか。

まず一つ目は、初等教育と中等教育の間に見られる社会科の性格の違いです。簡単に言いますと、小学校の社会科はいわゆる総合社会科であり、地理や歴史といった系統的な区分がありません。問題解決的な学習をメインとした総合社会科である点に、小学校の特徴があります。一方、中学校はどうかと言いますと、学問の系統性を重視した構成となっています。地理・歴史・公民の三分野に分かれ、それぞれの系統性を重視した社会科、すなわち分科社会科が中学校の特徴です。もちろん同じ社会科ですので、小学校・中学校に共通した部分もたくさんありますが、両者の性格の違いもかなり大きいのです。ですから、小学校・中学校をひとくくりにして社会科教師の資質を議論することがなかなか難しかったという状況があります。

もう一つのむずかしさは、高校における科目の独立性の高さということです。皆さんご承知のように、以前には高校にも社会科が存在しましたが、その当時からすでに「科目あって教科なし」という高校社会科の特徴がよく指摘されていました。要するに、日本史、世界史、地理といった各科目の独立性が非常に高いために、社会科全体の目標がほとんど意識されない、そのような状況にありました。その後、高校社会科が解体され、地歴科と公民科が誕生したわけですが、それによってますます科目の枠組みを超えた議論が難しくなってしまった、という側面があるのではないかと思います。

とはいえ、これまでの議論の中でも、もちろん社会科の教師に必要な力量とは何かという点について、いくつかの考え方が提示されてきました。そのうちの一つが、外山（一九九一）の考え方です。外山は、社会科教師として必要な資質を以下の三つにまとめています。第一は、教える対象たる社会事象に対する専門的な知見を持つことです。そのためには、社会諸科学の研究成果に精通し、社会科の教科内容に対して自立した分析・研究能力を持つこと、さらに教科書記述を批判的に検討し、子どもたちにとって身近で興味のもてる適切な素材や事例を選び出す能力や態度が必要であるとされています。すなわち、ここで指摘されている資質とは「教材開発力」と言っても良いでしょう。第二は、教科内容に関する研究成果を一人ひとりの子どもの主体的な学習を保障する社会科の授業内容・方法へと具体化できることです。この資質は、一言でまとめると「授業構成力」とでもいえるものだと思います。そして第三が、民主主義社会の実現という立場から現代的課題を鋭く捉える感覚を持つことです。以上が、外山（一九九一）で挙げられている社会科教師にとって必要な力量ということになります。

もう一つだけ、社会科教師に必要な力量についての考え方をご紹介したいと思います。「社会科モデル・コア・カリキュラム」（渡部、二〇〇七）で示された考え方です。ご存じのように、二〇〇六年七月に中央教育審議会が「今後の教員養成・免許制度の在り方について」という答申を出しました。その答申の中で、「教職課程の履修を通じて、教員として最小限必要な資質能力の全体について、確実に身につけさせるとともに、その資質能力の全体を明示的に確認する」ために、「到達目標」が示されました。それを踏まえて二〇〇六年に日本教育大学協会（教大協）が、関東地区の国立系教員養成大学・学部で中等教科教育法を担当している担当教員に以下の二つの事項について検討を依頼しました。検討事項のひとつは、中学校一種免許状取得の各「教科」に関する学部段階での到達目標・確認資料の検討とその具体化であり、もう一つが、一つ目の内容を確認するための手立ての検討です。そして、その検討結果を社会科教育の関係者がまとめたのが、この「社会科モデル・コア・カリキュラム」というわけです。

「社会科モデル・コア・カリキュラム」では、全部で四つの到達目標が掲げられています。到達目標のうち、①教科書の内容を理解しているなど、学習指導の基本的事項（教科書の知識や技

表3　社会科で追加された到達目標と確認の手立て

到達目標	確認指標例	項目例	確認の手立て
教材となりうる社会事象に対して興味・関心をもち、主体的に調査・研究を進めることができる。	社会事象に対して興味・関心をもとうとし、自ら主体的に深め、追求しようとする態度が見られるか。	• 様々な社会事象に興味・関心を持つことができる。	グループ討議・レポート
		• 自らの社会事象に対する興味・関心を高め、追求するための課題を設定することができる。	
		• 社会事象について調査・研究を進めるための方法や技能を身につける。	
		• 調査・研究の成果を適切な方法でまとめ、相手に伝えることができる。	グループ討議・発表会
		• 調査・研究により得られた結果を教材化することができる。	指導案作成

出所）渡部（2007）p. 24

能など）を身につけている、②板書、話し方、表情など授業を行う上での基本的な表現力を身につけている、③子どもの反応や学習の定着状況に応じて、授業計画や学習形態等を工夫することができる、の三つはもともと中教審の答申の中にあったものです。ただ、社会科教育の関係者で議論したときに、答申に示された到達目標の内容はあまりにも「教科書を教える」ことに力点を置きすぎていて、教師の教材開発能力を軽視しているのではないか、という意見が多く出されたそうです。その結果、関係者が四つ目の到達目標として付け加えたのが、④教材となりうる社会事象に対して興味・関心をもち、主体的に調査・研究を進めることができる、という社会科独自で決めた目標でした（**表3**）。すなわち、教師による主体的かつオリジナルな教材の開発能力の育成が、社会科の教員養成にとって不可欠だということです。私は、社会科教師として最小限必要な資質として、このような教材開発能力が付け加えられたという点はきわめて重要だと思っていますし、この点に社会科の特質がよく表れているような気がします。

次に、少し視点を変えて、現在の高校の地歴科、公民科の授業の課題から、教師に求められる力量とは何かを考えてみたいと思います。これまで、高校の地歴科・公民科の授業についてはさまざまな課題が指摘されてきましたが、多くの方が問題視しているのは、大学受験に必要な知識を効率よく身につけさせることを目的としたいわゆる「トーク&チョーク」の授業が定着化してしまっていることです。もちろん「決してそんなことはない」と反論される方もおられると思いますが、私が担当している地歴科教育法の受講生に地歴科・公民科のイメージをたずねると、ほとんどの学生が答えるのは自分たちが高校時代に受けてきた「トーク&チョーク」の授業イメージです。他大学で地歴科教育法を担当している私の友人たちが異口同音に言うのですが、最近、学生に模擬授業をさせても、みなワンパターンで面白くないそうです。要するに、教科書や資料集に書かれている内容を要領よく箇条書きにして、重要な用語などの部分を空欄にしたワークシートを作って、それをただ解説しながら埋めていくだけの授業が圧倒的に多いそうなのです。私たちが危惧するのは、高校時代にそうした授業しか受けてこなかった学生の多くは、それが地歴科の授業だと思っているわけですから、自分が教師になっても、またこうした授業を繰り返すのではないか、ということです。しかも、彼らが指導案を作成するときに参考にしているのは、多くの場合、教科書と資料集だけです。本来ならば、その授業の内容に関する専門書や論文を読んで深い知識を身につけようとするのが当たり前だと思うのですが、そのような準備さえしなくなっているのが現実だということです。したがって、学習内容に関するより深い理解が、これからいっそう求められるのではないかと思います。

もう一つ、現在の社会科、地歴科、公民科に共通した問題として挙げたいのは、身近な社会事象と教科内容とのつながりが見えない授業が増えていることです。要するに、自分の身のまわりの社会事象への関心が非常に乏しい社会科教師が増えているのではないか、ということです。具体的な事例をあげてお話ししたいと思います。私がある中学校の社会科の授業を見に行った時の話ですが、その授業は歴史的な分野の古墳時代をテーマにしたものでした。その中学校の校門を入りましたら、学校の中に古墳があることに気づきました。それで私は「これはきっと、この古墳を使って授業をするに違いない」と思っていました。ところが、授業を実際に参観したところ、学校内の古墳の話はまったく登場せず、一般的な古墳時代についての話に終始していました。やはり、社会科の授業はこれでは拙いのではないかと思います。また、最近、社会科の授業では防災学習が取り入れられることが多くなっています。防災教育の視点が重視されること自体は非常に喜ばしいことだと思うのですが、問題は必ずしも身近な災害が授業で取り上げられていないことです。たとえば、水害の常習地域にある学校では、当然、地元の水害を題材にして学習が進められるべきだと私は思いますが、実際には自分で身近な災害の被害状況を調べ、それを教材化したオリジナルな実践は必ずしも多いとはいえないのが実態です。教科書に書かれているような事象や問題は、実は身近な生活の中にこそ見いだせる、という事実がまるで忘れ去られているのではないか、そのような不安を感じるのは恐らく私だけではないと思います。したがって、身近な社会事象の中に、教科書などに書かれている学習内容との接点を見いだし、それを教材化してゆく力が、今の社会科教師には強く求められているのではないかと思います。

以上、今までお話ししてきたことを踏まえて、私なりに社会科教師に必要な力量とは何かを整理してみたいと思います。もちろん必要な力量を数えあげたらキリがありませんので、最小限必要なものに絞ってみました。それは以下の三つです。①教材となり得る社会事象に対して興味や関心を持ち、社会科の教科内容に対して自立した分析・検討能力をもつこと。②教科内容に関する自らの研究成果を、子どもの主体的な学習を保障する社会科の授業内容・方法へと具体化できる力。③身近な生活の中に学習内容との接点を見いだす力。これらの中で、とくに最近の学生や若い世代の先生に不足していると私が感じているのは、最後の「身近な生活の中に学習内容との接点を見いだす力」です。したがって、こうした力をいかに育成していくかが、私たちにとっての大きな課題といえるでしょう。

野外での学習活動の重要性

それでは、身近な生活の中に学習内容との接点を見いだす力を育成するには、どうすれば良いでしょうか。そのための第一歩として私が重視しているのが、これからお話しする野外調査です。野外調査を経験すると、身近な生活の中から重要な社会事象を発見する「眼」が鍛えられますが、それが学習内容との接点を見いだすための基盤となるように思います。したがって、できれば「社会科教育法」や「地歴科教育法」の授業で野外調査の実習を必修とし、社会科教師を目指すすべての学生諸君に野外調査の意義や方法を理解してもらう必要があると思っています。

実はこれまでも、少なくとも社会科・地歴科の学習指導要領のレベルでは、野外調査は小学校・中学校・高校を通して一貫して重視されてきました。ところが、近年、中学校や高校においては野外調査の実施率がいちじるしく低下するという危機的な状況が続いています。たとえば、二〇一二年に神奈川県内の高校で地理を担当している先生方を対象に野外調査の実施状況に関するアンケート調査を行い、二二四名の先生方から回答を頂いたのですが、野外調査の実施率は二一%と予想よりもかなり低い数字でした（池・福元、二〇一四）。私が高校生だった一九七〇年代には、ほとんどの高校で野外調査が行われていましたので、野外調査をめぐる状況がかなり悪化していることがわかります。そこで、授業で野外調査を実施していない先生に、実施が困難となっている理由について聞いたところ、野外調査の実施や準備に要する時間の確保がむずかしいという理由のほか、管理職や同僚の先生方から野外調査に対する理解や協力が得られないことが、実施を阻む大きな要因となっていました。したがって、大学の教科教育法の授業の中で野外調査を学生たちに経験させることで、野外調査の教育的効果や意義をきちんと理解してもらい、野外調査の実施に協力的な姿勢をとれる教師を増やしていくことが大切だと思います。

また、ご存じの方も多いと思いますが、次期の学習指導要領の改訂で、地歴科の必履修科目として「歴史総合」「地理総合」という二つの科目が新たに誕生します。「地理総合」の内容の詳細は学習指導要領が告示されないとわかりませんが、持続可能な社会づくりに必須となる地球規模の課題や地域課題を解決する力の育成が重視される見込みです。当然ですが、地域課題を解決するためには、自ら多様な情報を収集する野外調査の実施が不可欠ですので、今後、野外調査の必要性がさらに強まるものと思われます。とくに、いまアクティブ・ラーニングの導入が高校で積極的に進められようとしていますが、野外調査はアクティブ・ラーニングの一つの典型ともいえる活動ですので、今後その重要性がさらに高まるでしょう。こうした意味からも、野外調査の基礎的な指導法を大学時代にしっかりと身につけておく必要があるように思います。

ところで、野外調査と一口に言っても、実は野外調査の形態にはさまざまなものがあります。それらの中で、私がとくに重視しているのはエクスカージョン（巡検）という活動です。このエクスカージョンとは、案内者が地理的・歴史的に重要と思われるポイントに参加者を引率し、現地で実物を見ながら事象について解説していく活動のことで、私たち地理学を専門にしている人間にとってはきわめてポピュラーな活動です。とくにエクスカージョンは、身近な生活の中に重要な社会事象を見いだす「眼」を養うのに非常に効果的で、しかも野外調査の中では実施が容易である点に大きな特徴があります。

私は、まず大学における教科教育法の授業にエクスカージョンを導入して、その意義や実施方法を学生たちに知ってもらうことが、野外調査の実施率を上げるための第一歩だと考えています。それが、結果として中学校や高校でのエクスカージョンの普及につながり、身近な生活の中に重要な社会事象を見いだす「眼」の育成につながるような気がしています。実際に、私は地歴科教

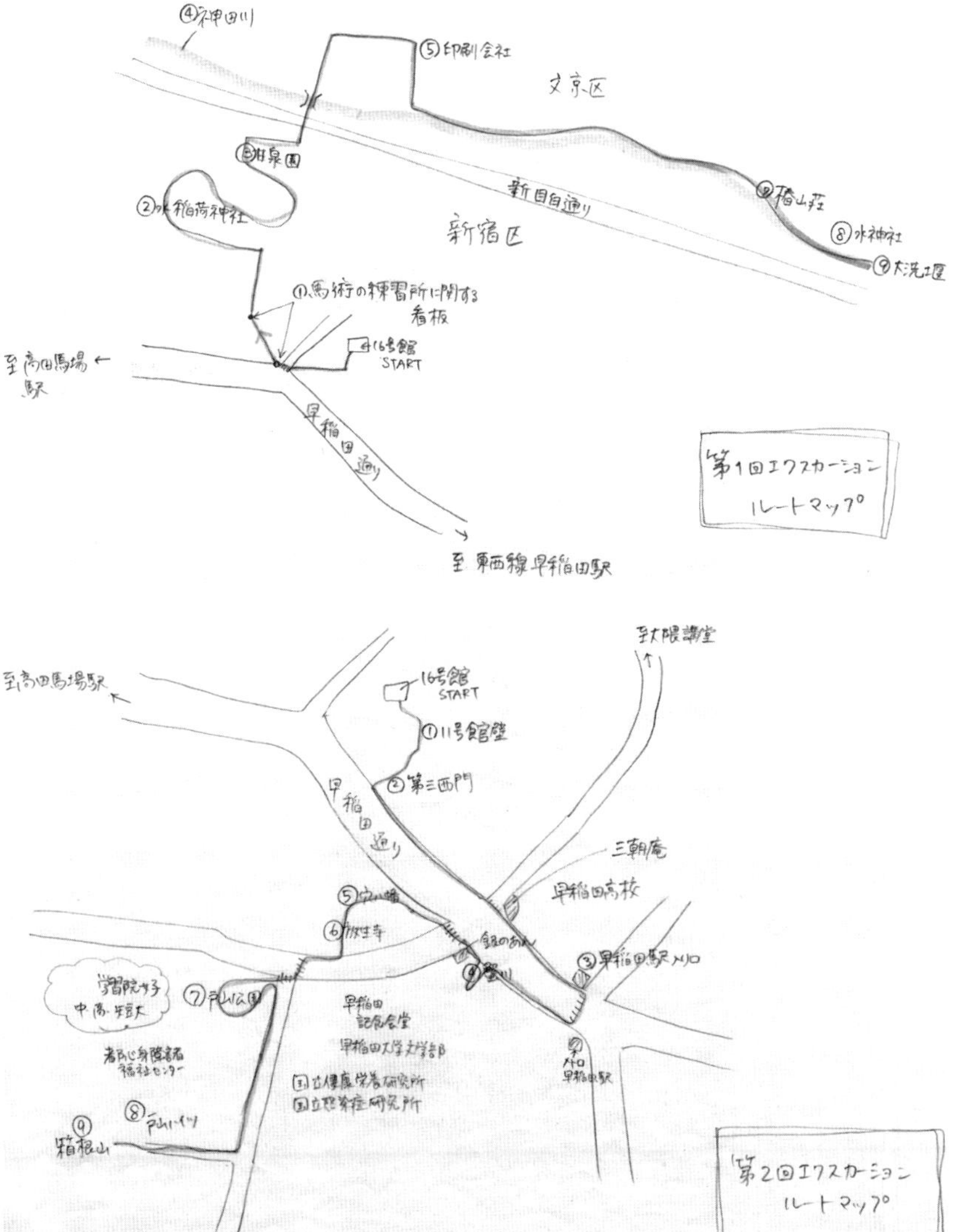

図12　学生が描いたルートマップの一例

育法の授業の中で大学周辺のエクスカージョンを実施しているのですが、その話を少しさせて頂きたいと思います。一授業時間（九〇分）の時間内で帰ってこられる短時間のエクスカージョンではありますが、半期に二回ほど実施しています。まず一回目は、大学の近くの甘泉園公園から神田川へ出て、江戸川公園まで行くコース。二回目が、大学から穴八幡神社を通って戸山公園内の箱根山まで行くコースです（図12）。

そのエクスカージョンの具体的な内容について、少しだけお話ししたいと思います。たとえば、神田川では、昭和初期に浅草にあった染物屋さんが移転してきました。かつては、染め物に付いた糊を神田川の水で洗い流すことができたわけです。エクスカージョンでは、こうした経緯のほか、数は減ったものの「江戸小紋」で知られる染物屋さんが今でも残っていることを説明します。また、神田川は水害を繰り返してきた典型的な都市型河川ですので、その洪水対策について説明するほか、流域には都市型の工業である印刷業の工場が多く集積し、しかも印刷業と関連した紙の加工業なども多く立地していることなどを学んでいきます。さらに、神田川の流域には武蔵野台地の末端を利用した大名屋敷が多かったこと、江戸時代の水道として建設された神田上水の取入口（大洗堰）が今の江戸川公園にあったことなどについても説明します。普段、学生は大学周辺を歩いてはいても、これらの社会事象についてほとんど気にもとめずに通り過ぎていたわけですが、注意深く見ると身のまわりにも色々な発見があることに気づいてくれます。こうした新たな発見があるためか、エクスカージョンについての学生の評価は概ね高いようです。

私が地歴科教育法の中でエクスカージョンを実施している一番のねらいは、日常的に生活している地域を見る力、景観から重要な社会事象を見いだす力、そのような力を養ってもらうことにあります。よく現場の先生とお話をしますと、「うちの学校の近くには面白いものは何もないから」とおっしゃる方が多いのですが、私は必ずしもそうは思いません。早稲田大学の周辺を見ただけでも、今ご紹介したように興味深い題材がいくつもあります。そのような題材を発見できる「眼」が野外調査には不可欠ですし、そのような「眼」を養うための初歩的なトレーニングの場がエクスカージョンだと私は思っています。ですから、こうしたエクスカージョンなどの活動を通じて、身近な生活の中に社会事象を見いだす力を養っていくことが、社会科教師を育てていくうえで今後ますます重要になってくるのではないかと思います。

早稲田における教師教育のこれから

最後に、早稲田大学の教員養成の特徴と課題について、私の考えをお話ししたいと思います。まず、早稲田大学では教職科目の一つである社会科教育法について、中学校社会科の三分野に合わせて地理的分野に関する「社会科教育法１」、歴史的分野に関する「社会科教育法２」、公民的分野に関する「社会科教育法３」をすべて履修することを必須としています。また「地理歴史科教育法１」では理論重視、「地理歴史科教育法２」では実践重視の授業が行われており、こうしたバランスのとれた授業を用意している点に、私は早稲田大学の見識が示されていると思っています。ただ、その一方で教科教育の立場の人間として危惧しているのは、教育職員免許法で必修とされている「教科に関する科目」の単位数が少ないことです。実は、一九九九年の入学者までは「教科に関する科目」を四〇単位履修する必要があったのですが、教育職員免許法の改正によって二〇〇〇年入学者以降はいっきに二〇単位に減らされてしまったわけです。こうした各教科に関する専門科目の軽視は、教員の教科指導力の低下につながる非常に大きな問題だと私は思っています。社会科の場合、地理学や歴史学をはじめ幅広い学問領域に関する専門的な知識が不可欠だと思うのですが、今の制度ではこれらの専門科目を二〇単位とれば社会科の教員免許が取得できてしまいます。こうした「教科に関する科目」の軽視は、国立大学の教員養成学部ではかなり問題となっているようで、社会科を専攻する学生でも歴史学や地理学などの専門分野についての関心や知識が乏しくなり、卒論指導にも相当苦労しているという話も耳にします。

その点では、早稲田大学は開放制の教員養成を行っていますので、各教科のバックグラウンドとしての専門科目が非常に充実しており、幅広い知識を身につけられる環境が整っていると思います。とくに、わが教育学部は各学科のカリキュラムが充実していますし、しかも教員の数・質ともに全国的にかなり高いレベルにあると思っています。したがって、教科についての豊かな専門知識と高い指導力を身につけた学生を送り出すことができる早稲田大学は、これから教育界での存在価値をさらに増すのではないかと思いますし、こうしたアドバンテージを今後も維持し続けなければいけないと思っています。

そして、最後に課題として挙げたいのは、リアルな社会とのつながりの重視です。早稲田の学生は、サークル等の自主的な活動を通じて積極的に社会との接点を持とうとしている学生が圧倒的に多いと思います。これが他大学とは大きく異なる特徴だと思うのです。早稲田の多くの学生が持っているリアルな社会とつながろうとする積極的な姿勢は、魅力的な教員を輩出するうえで大きなメリットとなっています。こうした早稲田の学生の特質は、社会科の授業だけではなく、もちろん教師の仕事全般で役に立つものだと思いますので、ぜひこうした環境を大事にしなければいけないと思います。ただ、早稲田の学生といえども、もちろんこうした積極的な姿勢を持つ学生ばかりではありませんので、今後は授業においてもリアルな社会とのつながりを意識した対応が必要になってくるものと思います。

引用文献

池俊介・福元雄二郎「高校地理教育における野外調査の実施状況と課題─神奈川県内の高校を対象としたアンケート調査結果から─」『新地理』62(1)、二〇一四年、一七－二八頁
外山英昭「社会科教師としての資質と授業づくりの力量」『社会科教育研究』64、一九九一年、四五－五八頁
渡部竜也「日本教育大学協会『社会科モデル・コア・カリキュラム』案の報告」平成一九年度日本教育大学協会シンポジウム「教員養成の『質保証』における大学の役割を問う─学部教育カリキュラムの到達目標を中心に─」資料、二〇〇七年、http://www.jaue.jp/_src/sc763/no56.pdf. 最終閲覧日：二〇一六年二月一〇日

数学科教育からみた教師教育の展望

早稲田大学教育・総合科学学術院教授　谷山　公規

鰯を洗う

はじめに私の専門の数学のお話をして、そこから今日のお題「数学科教育からみた教師教育の展望」につなげて話をまとめてみたいと思います。私は早稲田大学教育学部理学科数学専修の卒業生です。私が入学した一九八三年頃に教育学部の一般教育科目に「生物学A」というのがありました。記憶に頼っていますので科目名はもしかしたら少し違ったかも知れません。この講義を担当されておられた菊山榮先生は今はご退職されて名誉教授でおられます。その菊山先生の「生物学A」で非常に鮮明に覚えていることがあります。ある日の講義中、突然黒板に「鰯を洗う」と書かれたのです。その前後のお話は申し訳ないことにあまり憶えていないのですが、お魚の話ではなかったと思います。何かと思ったところ、続いて「IWASH」と図13のように環状に書かれました。

そして「これでI WASH IWASHI（アイ　ウオッシュ　イワシ）と読みます。」とおっしゃったのです。IWASHの五文字を環状に巡回しながら二周と一文字読んでいる訳です。そしてこれは昨日思い付いたとおっしゃいました。これは非常に面白いと思いました。三〇年以上昔の大学の講義で記憶に残っているものというのは普通はあまりないのではないでしょうか。このように、何か一つでもずっと記憶に残るような授業ができればそれは素晴らしいことだと私は思います。ちなみに菊山先生は、ホルモンやフェロモン分野での優れた業績で知られる研究者であられます。

ダイヤル数　142857

さて今日はこのぐるぐる回る文字列に関連する話題として、ダイヤル数というものをご紹介いたします。ご存じの方もいらっしゃるかと思いますが142857という数字にはダイヤル数という名前がついております。どういう特徴があるかと申しますと、まず掛け算をやってみましょう。1倍しますと、これは142857そのものです。次は142857を2倍してみましょう。これは計算すると、285714になります。142857と何か似ていますね。実際142857を**図14**のように環状に並べたものを時計回りに2から読んだものになっています。

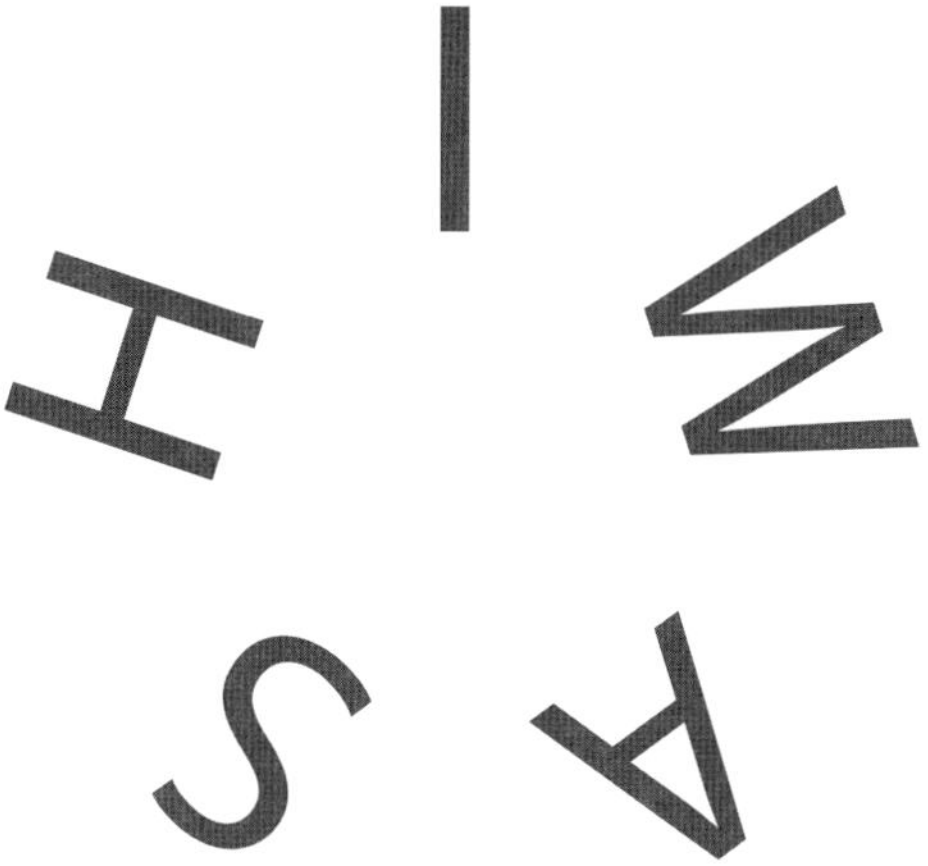

図13

でもこれはきっと偶然でしょう。ところが、3倍してみると今度は428571になり、やはり142857を環状に並べたものを時計回りに4から読んだものになっています。さらに3倍、4倍、5倍、6

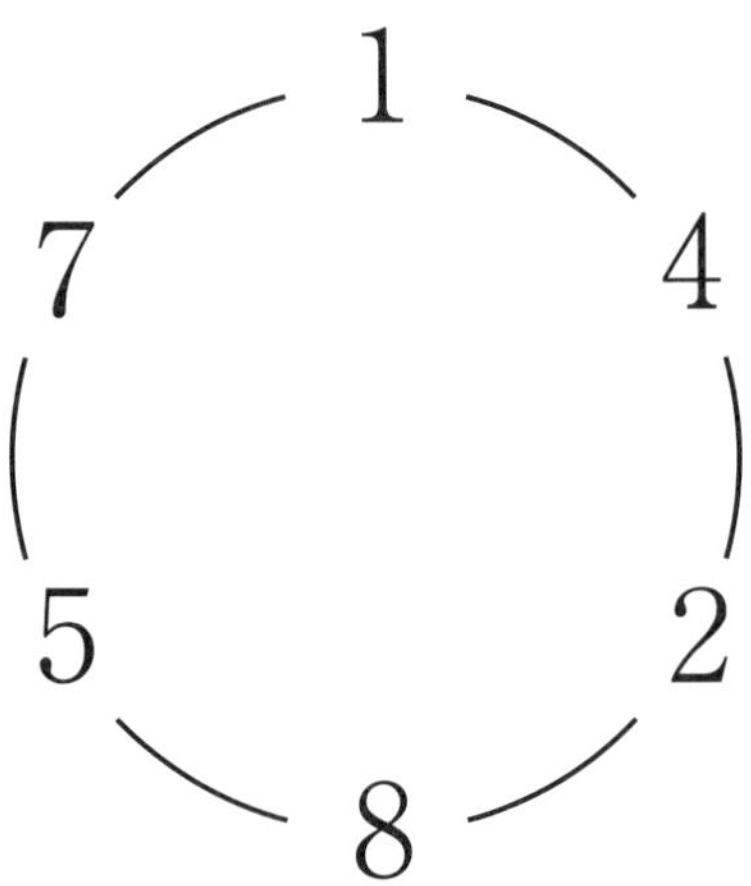

図14

倍まですべて同様になっています。

142857×1=142857
142857×2=285714
142857×3=428571
142857×4=571428
142857×5=714285
142857×6=857142

これは不思議ですね。このダイヤル数142857は巡回数と呼ばれることもあります。

実は、私はこのダイヤル数について何回か早稲田大学のオープンキャンパスでお話しさせていただいたことがあります。それを聴講された当時中学生の方から反響があったので、後でまたお話しします。

さて試しに142857を7倍してみましょう。

142857×7=999999

実は、この142857という数字の並びには秘密というか正体があります。142857は1/7を無限循環小数表示したときの循環部分の6桁の数字なのです。

1/7=0.142857142857142857……

すると

1＝1/7×7＝0.142857142857……×7＝0.999999999999……

となりますから1＝0.999999999999……という等式が得られます。不思議に思われるかも知れませんが、この式の右辺の意味は数列0.9, 0.99, 0.999, ……の極限値だと思えば、その極限値は1となるので、数学的には正しい式になっています。

さて、142857の1倍から6倍までについて何故数字の巡回が起こるのかを説明しましょう。先ず1割る7と、たとえば2割る7を実際に筆算で計算してみましょう。**図15**のように1割る7を計算すると、先ず0が立って余りが1、これを0.1の10倍とみて、つまり1に10を掛けて10。10を7で割って1が立って余りが3、3に10を掛けて30。30を7で割って4が立って余りが2、2に10を掛けて20。20を7で割って2が立って余りが6、6に10を掛けて60。60を7で割って8が立って余りが4、4に10を掛けて40。40を7で割って5が立って余りが5、5に10を掛けて50。50を7で割って7が立って余りが1になり、あとは繰り返しになります。同様に2割る7を計算すると、1割る7の計算の途中からと同じ計算になっています。ですから

2/7＝0.285714285714……

と142857と巡回的には同じ並びになっています。これを1/7の無限循環小数表示と小数点以下6桁ごとに区切って見比べると、142857×2＝285714でなければならないことがわかります。3倍から6倍までについても同様にして説明がつきます。

さてここで、**図15**で丸で示した132645という数字の並びに注目しましょう。この並びは、1×10＝10を7で割った余りが3、3×10＝30を7で割った余りが2、2×10＝20を7で割った余りが

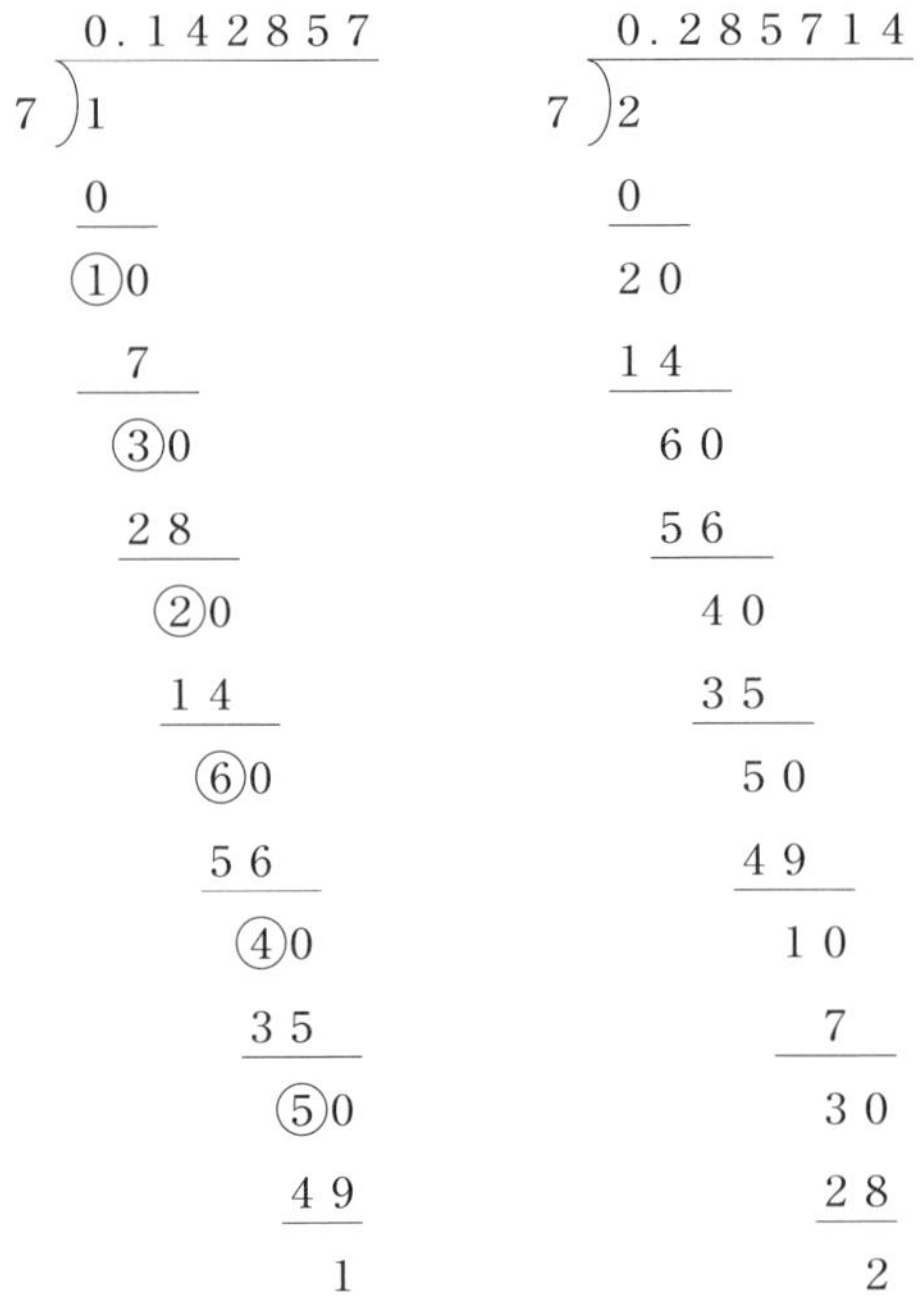

図15

6、6×10＝60を7で割った余りが4、4×10＝40を7で割った余りが5、5×10＝50を7で割った余りが1となって元に戻る、というものでした。ではこの順番で142857の倍数を並べてみましょう。

142857×1=142857
142857×3=428571
142857×2=285714
142857×6=857142
142857×4=571428
142857×5=714285

となって右辺はちょうど一つずつ数字が巡回的にずれています。小学校の夏休みの宿題の計算練習として、この形で出題したら面白いのではないでしょうか。それではこの132645を**図16**のように142857

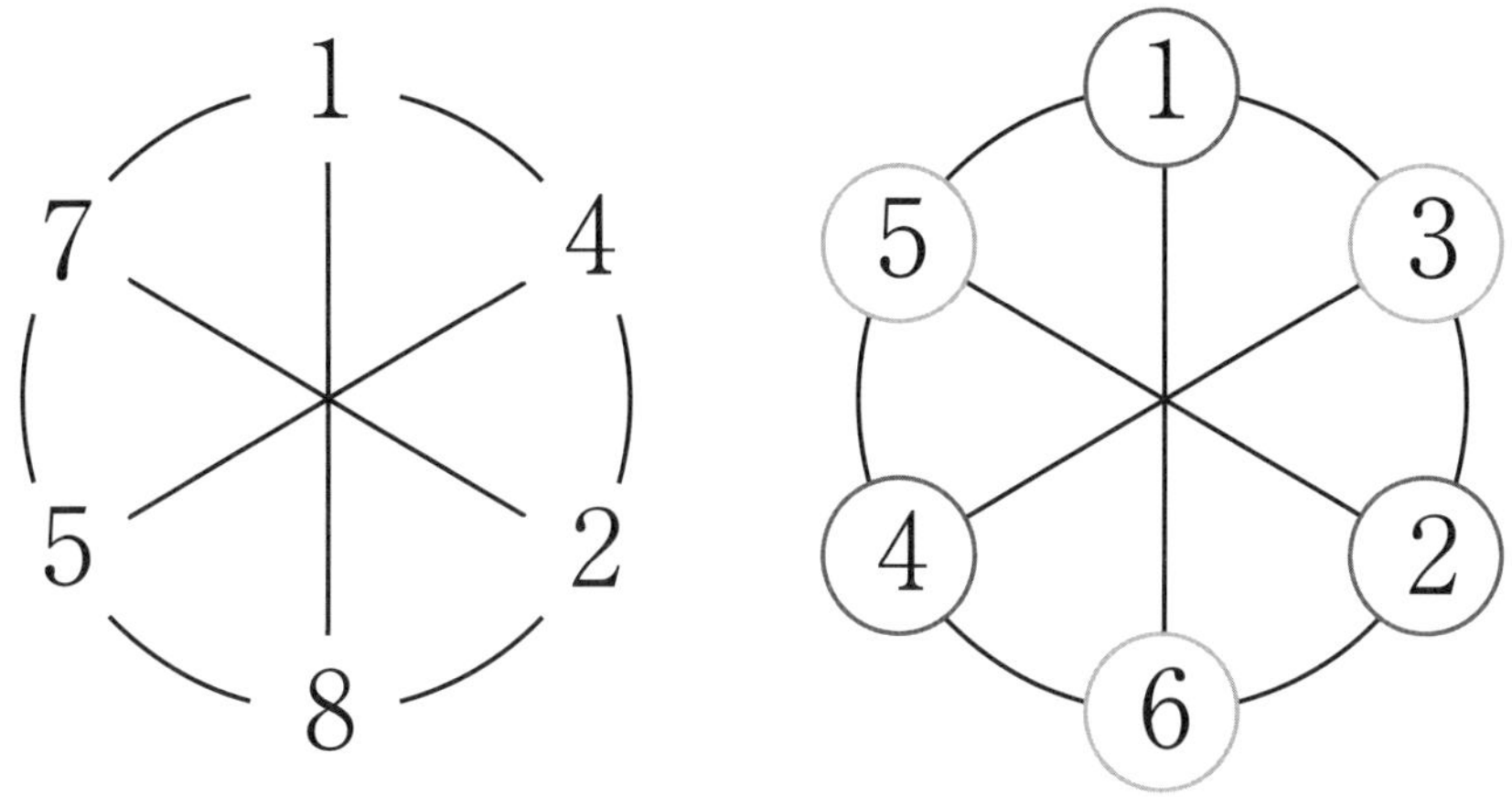

図16

とともに環状に並べてみましょう。

すると左図では線分で結ばれている二つの数の和はすべて9になっています。右図では線分で結ばれている二つの数の和はすべて7になっています。左図で9になることは右図で7になっていることから説明できます。その説明は難しくありませんがここでは省きます。実は右図では、もっと他のきれいな性質もあります。一つ飛びで、1＋2＋4が7になりますし、また残った3＋6＋5は14で、7にはなりませんが7の倍数になるというきれいな性質があるのです。実はこのような現象は7以外の素数に対しても一般に存在します。それを見るまえに132645という並びについてもう一度考えてみます。10と3は差が7であることから、ある数を10倍して7で割ったときの余りと3倍して7で割ったときの余りは一致します。ですから132645は1からはじめて順に3倍したものを7で割った余りが並んでいます。数学の専門用語を使って説明すれば**図16**の右図は、体

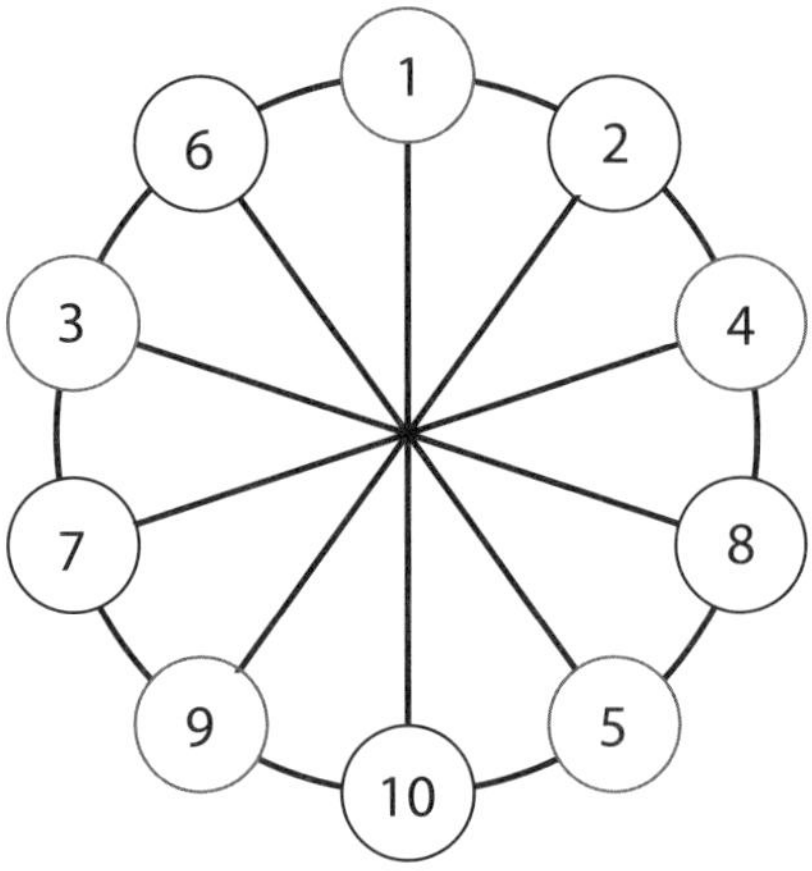

図17

Z/7Z の乗法群（Z/7Z)^×の3を生成元としたCayley graph というものになっています。ただしここでは数aの7を法とした合同類を単にaと略記しています。

では7以外の例を一つだけ見てみましょう。素数11について考えます。**図17**では1から10までが奇妙な順番で並んでいます。

先に専門用語で述べますと、これは体Z/11Z の乗法群（Z/11Z)^×の2を生成元とした Cayley graph というものになっています。次に小学生にもわかるようにこの並びの作り方を説明しましょう。1を2倍して得られる2を11で割った余り、すなわち2を1の隣に置きます。次に2を2倍して得られる4を11で割った余り、すなわち4を2の隣に置きます。次に4を2倍して得られる8を11で割った余り、すなわち8を4の隣に置きます。ここまでは結局のところ1, 2, 4, 8, と等比数列になっています。次に8を2倍して得られる16を11で割った余り、すなわち5を8の隣に置きます。次に5を2倍して得られる10を11で割った余り、すなわち10を5の隣に置きます。次に10を2倍して得られる20を11で割った余り、すなわち9を10の隣に置きます。次に9を2倍して得られる18を11で割った余り、すなわち7を9の隣に置きます。次に7を2倍して得られる14を11で割った余り、すなわち3を7の隣に置きます。次に3を2倍して得られる6を11で割った余り、すなわち6を3の隣に置きます。最後に6を2倍して得られる12を11で割った余りは1になり最初に戻ります。不思議ですね。これは小学生にも説明出来るルールです。さて、**図17**で1と10、2と9、4と7、8と3、5と6のように、円の反対側にある数を足すとちょうど11になります。さらに二つおきに並んでいる5個の数を足すと1＋4＋5＋9＋3＝22、2＋8＋10＋7＋6＝33とどちらも11の倍数になります。実に不思議で美しいですね。

何故このようなことが成り立つのかは大学で数学を勉強すればわかります。キーワードだけお話ししますが、代数学で習うX^(n－1)＋X^(n－2)＋…＋X＋1という円周等分多項式、略して円分多項式と呼ばれる式を考えることで説明出来ます。等分《とうぶん》かと思ったら円分《えんぶん》だという、あまじょっぱい、なんとも味わい深い多項式なんです。

数学の楽しさ美しさを伝えられる教師に

先程少しお話ししましたが、ダイヤル数について二〇〇九年八月の早稲田大学オープンキャンパスの模擬講義でお話しさせて頂きました。九月のある日、私と同じ早稲田大学教育学部理学科数学専修の卒業生で、ある中高一貫校の数学の教員をされている人からメールをいただきました。その人が担任をされている中学三年生のある生徒さんが、オープンキャンパスにいらして私の模擬講義を聴かれて興味を持たれたそうで、夏休みの自由研究でいろいろとダイヤル数に関して計算をしてレポートとして提出されたそうです。「面白くてやってみたところ、結果のきれいさに感動した。」とレポートに書いてあったそうで、そのことをわざわざメールで私に報告してくださったのでした。

実は、私の専門は幾何学なのですが、オープンキャンパスということで、高校生に向けた話を考えたときに、ダイヤル数という代数学や整数論の入門につながる題材を選んでみました。数遊びとしては小学生にでも説明出来る現象ですが、奥深い理論につながっている現象であり、教える側に深い理解があればあるだけ、より面白さ不思議さ美しさを伝えることができます。これは他のどの教科でも同じだと思うのですが、やはり専門をより深く広く学び、知見を深めれば深めるほど、教師としてもいい授業ができるのではないかと思います。

小学生に掛け算の例題としてダイヤル数という不思議な現象があることを伝えれば、その理論的な説明を理解させることはできなくても、「何か不思議で面白いな。将来数学を勉強してみたいな。」と思ってもらえるのではないでしょうか。数学は奥が深く、ダイヤル数に関連する数学についても私自身まだまだ理解が浅いと感じています。でも教師だからといってすべてを知っていて理解している必要はありません。「先生の理解も現時点ではここまでだけど、この理論にはもっと深い奥があると思って勉強を続けているんだよ。」ということを素直に伝えられる教師になれたらいいのではないでしょうか。

総括討論

〔司会〕 早稲田大学教育・総合科学学術院教授　菊地　栄治

菊地：それでは総括討論に入りたいと思います。まずは各教科のほうから少しお話を伺いたいと思います。町田先生のほうで、教科の内容を深めていくことが結構重要だというところがありました。けれども、昨今の動きからして、ちょうど教職よりも教科の単位がどんどん減らされているという池先生のご指摘もありました。そのような昨今の教育改革の中で、実は教科に関する学びを深めていく中に、授業の方法論の学びというものが十分にあるのではないかということがあれば、お話しいただけませんでしょうか。

町田：ありがとうございました。今、菊地先生のほうから出された点は、大変大事なところだと思われます。先ほど申し上げましたように、私自身の体験を振り返りますが、とにかく現場に出て国語の授業を実際に展開する上で、やはり大事なのは、教える内容です。たとえば古典の『平家物語』の授業をするというときに、それをどのように教えるかということも大事なのですが、やはり『平家物語』そのものについての指導者の知見が何といっても大前提になると思うのです。そういう意味では、これは教職課程というよりは、むしろさまざまな知見を含めたその教科の内容についての理解を、教師自身が深めなければ、いくら教育方法を学習しても始まらず、魅力ある授業ができてこないのです。やはり教師自身が問題意識をしっかりと持つためにも、教科内容に関する研究というか、学び方のようなものをしっかりと体得しておくということが、いい授業をつくる大前提だと思っております。

菊地：ありがとうございました。池先生に少しお伺いしたいのは、エクスカージョン（巡検）のお話のなかでありましたように、教員志望の学生、あるいは現場の教員の身近な社会事象への関心が乏しいなかで、それを引き出していくためには、大学で教える教員の側はどのような取り組み、どのような向き合い方をすればいいのでしょうか。

池：やはり今、若い人というか学生自身が、外に出ていろいろな体験をするという経験をもっていません。特に、実際に野外に出ていって、そこでいろいろな人と話したり、そこでいろいろな情報を得たりだとか、あるいは実際に自分の目で見て、自分の頭で考えてみる機会が、かなり減っていると思うのです。

　そういう目を養うような教育指導を行うためには、やはり教師自身がそういう目をもっていなければ始まらないわけです。ですので、やはり教科教育法といった授業の中で、ある程度取り上げないと、なかなかそういう目は養えないのかなと思います。

菊地：ありがとうございました。私が、高校の先生方を対象に、去年、調査をさせていただいたデータがあります。その中で、気になる傾向が見られました。それは、社会を学ぶ機会というのがどんどん失われてきていることです。たとえば、総合的な学習の時間に自分の生き方や信念、あるいは自分に向くようなテーマが取り上げられる傾向がどんどん強くなる一方で、社会がどう変化してきたか、地域の問題や環境、福島のことなどを取り上げる傾向がどんどん薄れてきていることが、一〇年前に比べますと非常にクリアに出てきます。

そういう意味では、非常に今、指摘していただいたリアルな社会とどう向き合うかというのは、本当に喫緊の話題といえます。これは大学の教員も、なかなかむずかしい部分で、自分の中でも悩ましいところがあります。できるだけ学生には、社会の本当にむずかしい問題などに触れてほしいとか、あるいはそういうむずかしいものではなくても、身近なところに触れ合ってほしいというところが願いとしてはあります。しかし、具体的にどうアクションを起こしていくかというのはなかなかむずかしく、ともすると、学問としてはこうだと教えて済ませてしまうこともあります。今の社会と学校教育の接点を考える上で、重要なお話でした。

谷山先生については、先ほどの町田先生のお話にもありましたが、たとえばいろいろな学力の生徒さんがいましても、教師自身の学問的な深まりというものがあれば、それで十分に対応できます。ただ、数学というのは、私もそうなのですけれども、だんだんわからなくなってきて、今でもさっぱりわからない科目なのです。その、わからない度合いが非常に深いのです。わかる生徒とわからない生徒の個人差がどんどん深まっていく、そういう数学の科目の中で、やはり教師の学問的な理解が深まっていけば対応できるでしょうか。

谷山：とてもむずかしい問い掛けをいただきました。何かを聞かれたときに、「はい、わかりません」という答えは、とてもむずかしい意味合いをはらんでいまして、わからないの程度は一人ひとり異なります。同じ話をするにしても、やはり数学の基礎知識や理解、また個人の特性などは非常に多種多様です。そうしますと、どうしてもやはりどこかの段階で少人数教育というか、たとえば一対一で、どうわからないのか相手を見て、それならばこうだという話をして、結構時間をかけて説明をすることが大切になってきます。それをやると、たいていの人はわかってくれるというのが、私の印象です。ただ、やはりどうしても授業などでやると、ある程度、みんな多分わかるだろう、という形で説明せざるを得ない部分があるので、とてもむずかしい問題だと思います。

あと一つ言うと、「わからなくてもいいんだよ。自分も実はいっぱいわからないことがあるから」というような、そういう対応もあるのではないかと思います。先生だから、何でもわかっていなければいけないという思いもある一方で、少し違う角度から質問されたりすると、やはり答えられないことがあります。そういうときに、やはり本当に自信のある先生なら、「それはちょっとわからない」と生徒の前でもいえると思うのです。それは一方で、裏で自分なりに学問を深めるという姿勢があってできることだと思うのですが、そういう意味でも、わからないことはわからないで、時間をかけて一緒に考えるといった姿勢があればいいのかなと思います。

菊地：今のお話で大いに共感するところが二つありました。一つは、わからない、できないということを、今の社会は非常にマイナスに考える傾向があります。できないことを失敗して転ぶ権利が、きちんと保障されていないと思います。それは教師についてもそうです。

教師には非常に完全で、何でもできなければいけないというのが三尾先生の話にもありましたが、そうではなく、できないところもたくさんあって、それを転びながら学んでいくための余裕というか、懐の深さを、社会が失っているのではないかなと思います。

もう一つは、今の先生方の現状です。教育現場の現状がとても忙しいのです。多忙化というのは非常に深刻です。かつ日本の場合は、あれもこれもと、今日は教科の話が中心でしたが、それこそ生徒指導で生徒を追いかけ回さなければいけないといった部分が、かなり強くなってきています。

いわゆる多忙化の現実に対して、先生方のお考えになる教師教育は十分に対応できるか、あるいはそれを解決しないとなかなかむずかしいのか、二分できないとは思うのですがその辺りに対してご意見いただけないでしょうか。

町田：ありがとうございました。今、出た内容も具体的な問題として、現場の大事な問題だと思います。ただ、その多忙の質をよく見てみると、たとえば、もう少しシステマチックに業務を処理することで、それこそＩＣＴやパソコンが導入で、一部改善はされているのかなと思います。

ただ私が驚いたのは、ある時期に教員室にパソコンが導入されて、先生方が全部パソコンで仕事をするようになったのですが、「大事なデータがあるから子どもたちは教員室に出入りしてはいけない」というようなことを言うようになったのです。これは本末転倒ではないかという気がします。

ですから、どういうことで多忙になっているかということも含めて、意外に本質ではないところで多忙になっていると思っている、あるいは変に仕事をつくってしまっているというような側面があると思います。もう少ししっかり整理をして、自分にとって何が優先されるべきかということを考えてやっていく必要があります。

池：この教師の多忙化というのは、いろいろなところで話題に出てきます。たとえば、先ほど私は野外調査の実態についてのアンケート調査の話をさせていただきました。野外調査を昔やったのに今はやらなくなったという大きな理由の一つは、やはり先ほどもお話ししましたけれども、授業時間や準備時間がないということなのです。

さらに、野外調査をやめざるを得なくなった原因は、時間の問題もありますが、あとは校外学習の手続きです。非常に手続きが煩雑になって、管理職からいろいろな手続きを求められます。もう、その手間を考えただけでも嫌になってしまうということです。それでやめる先生が結構多いという話も聞きますので、その辺りをやはり何とか解決していかないと、なかなかむずかしいかなと思います。

菊地：ありがとうございました。やはり、学習者を中心にして考えればこれは必要がないから、という判断ができるほど、今の教育の構造はきちんと平らになっていないのです。その辺りをやはり改善する、組織やシステムの問題になっていると思いました。ありがとうございます。

質問者1：先生方のお話を大変興味深く伺いました。それで早稲田らしさということが、先生方のお話の中に何度か出ていたと思います。それは菊地先生も先ほどおっしゃっておられましたが、学生のある種の個性といいますか、あるいは能力ということに支えられていると思うのですけれども、もう一つ、開放制という大きな制度というものが、今のこの早稲田の教育の一つの特徴になっていると思います。

しかし、一方では、開放制に対しては、たとえば教科で教えるものだけを学べばいいのではないかというような、かなり厳しい議論もあるように思います。あるいは一緒に就活をしているような学生に対して非常に厳しい、教育実習生に対しても厳しいというような話も聞くことがあります。

このような開放制の魅力というものを今後どう語っていくのかというのは、非常に大事なことのような気もします。この辺りを三尾先生にお伺いしたいと思うのですが、いかがでしょうか。

三尾：ありがとうございます。開放制は、教員免許を取らないと卒業できないわけではなくて、課程を取った科目があれば教員免許が取得できるという制度なのですが、決して行政は開放制を否定しません。まず開放制の教員養成をやるということは、必ず、できるだけ冒頭で、文科省（文部科学省）や中教審（中央教育審議会）の答申などでは書いてあります。

ただ、現場にも二種類ありまして、教育委員会は、やはり教員志望であることをかなり強く求められる傾向があります。先日、某政令指定都市のY市に行った際には、教員志望でない学生は実習生としても来てほしくないとおっしゃられました。

一方、学校現場のほうは、特に公立の高校では、別に教員が第一志望でなくてもいいという風潮はまだ残ってくれているのですが、中学校はどうしても教員志望であってほしいというのが、ここ数年、だんだん増えてきている感じがします。

その原因は、先ほど少し議論になりました多忙化の原因と同じようなことで、実習を指導できないぐらい忙しいというのと、それから今は、学校の先生も、定年との関係で若手が増えています。もうしばらく状況が進めば、また価値観が変わってくれるのかなという感じもしています。

菊地：ありがとうございます。今のお話に少し絡むかどうかわからないのですが、やはり最近、教職がブラックだと学生が普通に言っていて、もうイメージが固定されています。仕事がブラックだからやめておこう、同じブラックならば企業へ行こうというような、非常によろしくない傾向があります。先ほどのアンケートの中に、もう少し先生のこと、教職のことを明るく語ってほしい、未来があるように語ってほしい、というメッセージが結構書いてありました。

これは開放制とも関係してくると思うのですが、教職というものをあまりにも狭く考え、超スーパー教師をきっちりと養成しろというような、ありもしないような幻想を大学に求める傾向があるようです。本当は、そんなにスーパーマンはいません。三尾先生の先ほどのお話にもありましたが、いろいろな人がいて、多様な力を持ち寄って一つの学校が動いていき、その中で先生が成長していくという姿が、本来の教育現場のはずです。ところが、その本来の姿を置いておいて、スーパー教師というものを設定し、閉じてしまうことで、本当は教職に就けば、非常にいいお仕事をなさるような人が、結局先生になれないというような、そういう負の循環に陥っているという印象があります。

そういう意味では、明るいメッセージや前向きなメッセージを出す一方で、やはり先ほどの教育改革のイメージプランをきちんと踏まえて、今の教育の悪いところは直しながら、システムを改善しながらやっていくことが必要です。

ここまでの議論のまとめとして、早稲田大学は教師教育をこんなふうにしているという現状と、それからこれまでの議論をつないでいただいて、最後に三尾先生から、これからの早稲田の教師教育のあり方を大所高所から語っていただければと思います。

三尾：少し先例を踏まえてというか、ここにおられる方は本学の大学院の教員養成の様子を皆さん熟知しているとは思うのですが、先ほど数字で教員免許の取得者数を紹介しました。

私は、実は先ほどご紹介しました鳴門教育大学で学んでおりまして、そこで現場の先生方が動いている中で、学部を離れていろいろな議論をして学んできた経験があります。そして、たまたまでですが、本学の教職大学も開設の段階から携わらせていただいて、また大学院のほうでも教員養成に関する科目を担当して、いろいろな形で接しています。

そこで少し、教科の専門性の話だったのですが、一九八六年ですから三〇年前に、こんな調査がありました。学校の先生として、大学教育と実習を終わった学生三〇人にアンケートをしました。実習の前と後に、知識として何を学んでおけばよかったのか、というような調査があるのです。それによると、三〇年前であっても、学んでおけばよかった項目は、教科の専門的知識が第一位なのです。他でもない現場でも、教科の専門的知識を学んでいるという実習生がほしい。そして実習が終わった後も、それをまた深めてほしいと、やはり思っているという現実は変わっていないわけなのです。

こういったところをきちんと踏まえると、自分の学問領域をもっと専門的にしたいという形も今後は増えていくでしょう。それをまた、教師のほうでも一緒に支援していくような形にしたいと思っています。教職支援センターとしましては、昨年から説明会を他のキャンパスでも始めています。説明会に参加している学生さんに聞くと、いい先生に出会ったから教員になりたいと思っている子が多いので、それをあらためて感じさせるような活動もやっていこうと思っています。

菊地：ありがとうございました。ということで、「早稲田大学が創る教師教育」ということで、総括討論をさせていただきました。先ほどの谷山先生のご指摘から感じたことを思い出したのですが、「一緒にする」ということがとても大事だなと思いました。

それぞれお持ち帰りいただいてご自身なりのビジョンを温めていただき、明日以降に生かしていただければと思います。

危機管理の英語力を目指す英語教育

早稲田大学教育・総合科学学術院教授　松坂ヒロシ

はじめに

英語教育の役割は、時代とともに変わってきました。英語教師や英語学習者は、いつの時代にあっても、英語教育や英語学習の完成形について、「ここまでやれれば、英語は一応できるようになったと言える」というイメージを、少なくとも漠然と抱くものです。このイメージが時代とともに変わってきたというわけです。そして、かつては単なる教養の一部とみなされていた英語力が、今は厳しい国際コミュニケーションの道具として明確に位置づけられるようになったのです。つまり、こんにち、英語教育、英語学習の目標は、そうした国際コミュニケーションを英語で成功裏に行うことと考えられるようになったのです。私は、その目標を、あえて「危機管理」と呼びたいと思います。ここで言う「危機」とは、英語が通じない状況を指します。このことばを使って言い表せば、現代の英語教師の仕事は、学習者が危機に陥らないように、また不幸にして陥ったときにそれから脱出できるように、十分な英語力をつけさせることであるということになります。また、そういう認識を持つ英語教師を養成するのが、現代の英語教員養成の使命であるということになります。このような視点に立って、以下のことを申し上げることにします。

文法訳読法から最近の英語教育の考えかたまで

ここでいったん、前述の「ここまでやれれば、英語が一応できるようになったと言える」という英語力のイメージの変遷を少々ひもといてみましょう(1)。外国語教育は、長い間、文法訳読法と呼ばれる教授法を中心として行われてきました。話を日本の学習者に対する英語教育に絞ると、英語教育の目標は、学習者が英文法を学び、日英語間の訳ができるようになることでした。この教授法は、いまでも英語教育の多くの場面に取り入れられています。

文法訳読法には、よい点がいろいろあります。たとえば、日本における英語学習の場合、日本語の使用を意味理解の手段とするために、学習者は英語の文章を深く理解することができます。また、英語を文法的観点から丁寧に分析するために、英語の構造も深く理解できます。一方、問題点も深刻です。文法訳読法のみで英語を習った学習者は、聞いたり話したりすることが上達せず、読み書きの面でもあまり能率のよい英語の運用はできるようにならない、という指摘がされているのです。つまり、文法訳読法のこうした長所と短所は、どちらも、その教授法が学習者に外国語について「意識的に考える」ことを強いるものである、ということに由来します。

これに対し、考えなくともことばが口をついて出てくるようにしなければという見方がのちに登場し、こういう外国語の使い方ができることが即ち外国語ができるということなのだ、という新たな外国語力の理想が生まれました。こうした考え方に基づくのがオーディオリンガル法という教授法です。この教授法は、口頭による文型練習などを徹底的に行うことにより、学習者が条件反射のように外国語が使えるようになることを目指したものでした。この教授法の恩恵を受けた学習者は、習った文を言うとき、それを実になめらかに言えるようになりました。

ところが、「考えなくとも口が動く」というオーディオリンガル法の眼目にも落とし穴がありました。学習者が外国語をからだで覚えると、意味を考えずに口を動かすことができるようになります。これはコミュニケーションとは無縁ではないか、という批判が出てきたのです。この批判に応えるべく生まれたのがコミュニカティブアプローチというものです。これは特定の教授法ではありません。そうではなくて、外国語教育の目的はひとえにその外国語を使ったコミュニケーション能力の育成である、という、言ってみれば外国語教育の「哲学」です。では、コミュニケーション能力とは何か。文法、音声、語彙などの、せまい意味でのことばの知識、技能もそれに含まれるのですが、その範囲を超えた構成要素を過去にさまざまの研究者が挙げてきました。たとえば、場面に応じてことばを適切に使う能力である社会言語能力[2]があります。英語でいえば、いつ相手をファーストネームで呼んでいいかを判断する能力が必要ですが、これはこの社会言語能力の一例です。コミュニケーション能力の構成要素として列挙された能力としては、他に、最適のことばを思いつかないときに次善の表現を使う能力や、相手の反応次第で言うべきことをすみやかに選択する能力などがあります。コミュニケーション能力こそ外国語能力である、という考えは、英語教育に大きな影響を与えるようになったのです。

こういった実践面での力を測るために、具体的なコミュニケーションの場面をさまざまに設定しようとした試みも生まれました。欧州評議会のプロジェクトの成果である「外国語の学習、教授、評価のためのヨーロッパ共通参照枠[3]」です。ヨーロッパには多くの言語があり、それらの言語を使う人びとが交流したり、また、複数の言語を使う人びとが身近にいたりします。複数の言語にかかわるコミュニケーション能力を統一の基準で測るためには共通の枠組みが必要です。こうした枠組みにおいて使われるものに、「ことばを使って○○ができる」という、能力のリストがあります。たとえば、聴衆の前での講演という場面設定の項目を見てみると、最低レベルに対しては「話し手の紹介や乾杯の発声」が挙げられています。最高レベルの記述には「難しい、あるいは敵意すら感じられる質問に対処することができる」という文言が見られます。このように、場面を設定し、それに関するレベル別の能力を設定すれば、対象言語が何であれ、言語使用者のコミュニケーションの実力を測ることができるのです。こうした枠組みがあってはじめて、「Aさんのドイツ語はBさんの英語よりうまい」とか「私のロシア語は私のスペイン語と同レベルだ」とかいう、ある程度客観的な評価が可能となります。このような測定に対する考え方は、当然、外国語教育の目標設定にも役立ちますので、英語教育の世界でも、教育計画の設計に取り入れられるようになりました。

最近は、英語の学習や教育は、英語を使って行うべきである、という考え方や、英語学習は内容の学習と一体で行うべきである[(4)]、という考え方が注目されています。日本全体で見れば、英語のみを使った英語教育はまだまだ広まったとはいえませんが、学校によってはかなり熱心にその取り組みが行われています。また、英語で教科内容を教えるプログラムを持っている学校もあります。こうした試みの根底には、英語ができるということは即ち英語で内容を扱うことができるということだ、という考え方があります。

このように、英語教育といえば文法訳読しかない、という時代からこんにちまで、英語教育の根本原理や具体的方法は大きく変わってきました。それぞれの時代に、英語力のイメージがあり、特徴的な英語の教えかたがありました。

これからの英語教師の責任

さて、話を、冒頭に述べた危機管理に移しましょう。

先に述べた通り、現在、英語教育の世界では、英語ができるとはどういうことかという問いに対する答えは、コミュニケーションという概念を含んだもの以外には考えられません。どのような種類のコミュニケーションでも、その眼目は意味伝達であり、また、その延長線上には人間関係の構築、維持、発展があります。こういうことのために英語力を使うとすれば、その英語力は、次に述べるような「危機」に対応する能力を組み込んだものにならざるを得ません。また、英語教師は、コミュニケーションの危機管理ができる学習者を育てる責任を認識すべきだ、ということにならざるを得ません。

英語が使われる場面で、コミュニケーションの危機はどのような形をとって現れるのでしょうか。一対一での会話の場面では、単語の使い方の誤りのために話が通じない、文法が甘いために誤解される、発音が不明瞭であるために何度も聞き返される、結論を言うのが遅れるために重要なポイントが伝わらず重要でないポイントが印象づけられてしまう、文化的な前提を相手と共有していないために話が伝わらない、こちらがしゃべりたいのに相手がどんどんしゃべってしまう、相手の理屈に反論できず言い負かされる、といった危機が考えられます。二名以上を相手にコミュニケーションする場面にあっては、右に挙げた危機の可能性がすべて当てはまるのに加え、一緒にいる他の参加者たちの話の輪に入って行けない、という危機が訪れることもあります。

以上は話す場合の危機ですが、もちろん、英語を読んでいて意味が取れないとなるとこれも危機ですし、Ｅメールなどのメッセージを書いたのにその内容が伝わらなかったり誤解されたりしたとなれば、これも危機です。リスニングの場面に特化した危機もあります。海外で、駅のアナウンスを聞き逃して列車に乗り遅れたとすれば、これもコミュニケーションの危機です。

英語教師は、目前の学習者が将来このような危機に遭遇して悲しい思いをするリスクを、可能な限り減らす責務を持っています。つまり、学習者が、将来直面するかもしれないコミュニケーションの危機の芽を、今いる教室でできるだけ摘むのが、英語教師の大きな仕事です。

本稿での紙面が限られていますので、ここでは、このうち二種類の危機に絞って話を進めたいと思います。一つは、音声の問題、一つは論理の問題です。音声は、英語教育のなかで、教師が必ずしも明確な指針を見つけておらず、悩んでいることが多い分野であるといえます。また、論理については、これまであまり話題になりませんでしたが、これからの英語教育において、論理というものが英語力の一つの側面として重要視されていくであろうことが容易に想像されます。論理げんに、ほどなく行われるであろう学習指導要領改訂のときに、英語科のなかに「論理・表現」（仮称）という科目が入る見込みです。[5] 英語教師は、英語力の一つの側面としての論理の重要性を認識する必要があります。

音声について

まず、音声の問題を取り上げましょう。音声は、いま申した通り、教師が学習者に明確な指針を与えにくい分野であるといえます。このことには少なくとも二種類の原因があると思います。第一に、世界の英語の発音が多様なものだと明確に認識されるようになったことが挙げられます。かつて、学習指導要領に、英語の音声について、「発音については、現代のイギリスまたはアメリカの標準的な発音によるものとする」と書かれていた時代がありました(6)。指針は明快でした。この記述は、現在はありません。発音の規範をそこまで狭くすることは妥当でない、という考えが出てきたからだと思われます。第二に、特定地域の発音をまねることよりも、プロソディーと呼ばれるもの、すなわち、強勢、イントネーション、区切りといった事柄に注意することのほうが重要である、という考え方がありますが、プロソディーには単純に法則化できない面があり、多くの教師にとってプロソディーは扱いにくいものです。このことが指針の確立を難しくしています。実際、プロソディーの指導のためにはほとんど時間が割かれていない、というのが教室内の現実ではないかと思います。

こうした状況を学習者の側に立って見れば、音声について何から手をつけてどのような方向に進めばよいのかわからない、という悩みを持っている学習者が多い、ということではないかと思います。教師は、音声が、コミュニケーションの危機を作り出す大きな要素であることを認識し、学習者に対して、何かの指針を与える必要があります。

指針を与える際に忘れてならないのは、世界における、国際コミュニケーションの手段としての英語の位置づけです。以前は、日本の平均的な英語学習者は、そもそも、自分がコミュニケーションのために英語を使う場面に立つことを想定していませんでした。英語学習は、学校の教科だから行うもの、あるいは、入学試験の科目にあるから行うもの、でした。学習者のうち、自分が将来英語を使うだろうと漠然と思っていた人びともいましたが、そうした人びとの多くは、使うときの相手として、英語を母語として使う人びとのみを想定していました。現在の状況は違います。仕事で英語を使う人びとの数は急増しましたし、英語使用の場面におけるコミュニケーションの相手は英語を母語としない人びとである確率が高くなりました。つまり、現在の英語学習者は、英語の多様な発音に接することを大前提として英語の音声面に取り組まなくてはならなくなりました。

このような前提に立つとき、教師は、英語の音声について、かなり現実の場面を意識した教育を展開する必要があります。まず、聞き取りについていえば、前述の通り、学習者が将来接する可能性のある発音は多様ですので、世界の英語には多様な発音があるという事実を教えることと、多様な発音の実例に学習者が触れる機会を確保することとが必要です。また、多様な発音との接触に対する準備のしかたについても指針を与える必要があります。その指針は、決して、世界の多様な発音のすべてを網羅して勉強せよ、というものではあり得ません。むしろ、たとえば（1）文法力や語彙力を高めて、聞き取りにくい英語に対応する能力を高めておく、とか、（2）相手と直接話ができる場合には、相手に聞き返したり確認をしたりするための、やりとりの能力を高めておく、とか、（3）話の筋道を追う力を使ってきちんと相手の話の内容を把握する姿勢を身につける、とかの方法により、聞き取りの際の危機を回避できるようにするべきである、といった指針が有効だと思います。

一方、自分の発音をどうするかについては、母語話者の発音をそっくり真似することを目標にするのではなく、あくまでも、わかりやすい発音を目指すことの重要性を強調すべきだと思います。母語話者の発音は、時として、（ア）速すぎる、（イ）音変化が激しすぎる、（ウ）極端な地域性がある、といった問題をはらむものです。こうした問題まで含めてそっくり母語話者を真似することは必ずしも得策でないことを知り、英語の初級者、中級者にも理解されやすい発音を心がけるべきです。また、意味が伝わりやすいように、個々の音のみならず、前述したプロソディーに注意を向けることも大切です。

このように、音声については、英語をとりまく環境の変化にともない、英語教育の世界でその捉え方が変わってきています。指針が見つけにくい時代にあって、学習者の悩みを少しでも減ずる努力をすることは英語教師の最低の責務であると思います。

論理について

次に取り上げたいのは、論理です。コミュニケーションの危機の主要なタイプとして、議論の場面で自分の主張が十分理解されない、ということがあります。仕事で英語を使う人は、しばしば、英語で行われる会議に出なくてはなりません。どんなに正しい英語が使えても、会議で説得力を発揮できないようでは、コミュニケーションに成功しているとはいえません。こう考えると、理想の英語力の中に、文法や発音のみならず、論理を扱う能力を含めるほうが、危機管理に強い学習者の育成につながるよい英語教育ができるということになるのではないでしょうか。

批判的思考(7)ということばがあります。ここでいう「批判」とは、必ずしも他者の考えを退けることを意味するものではありません。そうではなく、ある考えを、筋道を通しながら吟味する、ということを意味します。その考えとは、自分自身のものであってもかまいません。何かの主張が展開されているとき、あるいは自分が何かの主張をしようとしているとき、その主張において、理由と結論とが整合するか、説明の中に出てくる例は適切か、使われていることばは明確な定義が可能なものか、客観的事実と個人的意見とが混同されていないか、といった観点から、その主張を吟味することが批判的思考です。批判的思考をする能力がないと、会議で議論ができません。よいスピーチができません。ディベートに勝てません。

批判的思考は、国際的コミュニケーションをしようとする英語学習者にとって非常に重要です。彼らは、そうしたコミュニケーションの場において、自分たちの文化では暗黙の了解事項となっているような知識や考え方を必ずしも共有しない、異文化の人びとと向き合わなくてはなりません。こうした状況のもとでは、何事も精緻な議論によって決めていくしか仕方がありません。これからの英語教師は、学習者がこのようなコミュニケーションに耐えられるようにする責任があります。

まとめ

英語教育の責任を、コミュニケーションの危機管理、という切り口で論じてきました。危機管理を教えることができる英語教師になるためには、自分自身が危機管理の経験を積むことが必要です。教員養成、教員研修の大事な柱として、これからは、前に述べたような危機管理に意識的に焦点を当てることも必要になるでしょう。また、英語教師個人としても、危機管理の訓練を自らに課すような形で自己研鑽することが必要になるでしょう。

外国語によるコミュニケーションにおいて危機が発生するのは、楽しいことではありませんが、危機を乗り越えることができれば、そこにこそ外国語を使うことからしか得られない大きな喜びがあります。冒頭に危機管理を英語教育、英語学習の目標に、と申しましたが、その目標は実は危機を乗り越える喜びを味わうことでもあります。その喜びを英語教師が英語学習者に味わわせているのであれば、その教師はまさに新しい英語教育を実践しているといえると思います。

注

（1）主要な教授法やアプローチは、たとえば A. P. R. Howatt, *A History of English Language Teaching*, 2nd ed.（OUP, 2004）などによくまとめられている。

（2）Sociolinguistic competence. M. Canale and M. Swain, "Theoretical basis of communicative approaches to second language teaching and testing," *Applied Linguistics* 1（Spring 1980）: pp. 1-47参照。

（3）Council of Europe, *Common European Framework of Reference for Languages: Learning, teaching, assessment*, 2002.（吉島茂・大橋理枝ほか訳『外国語教育Ⅱ　外国語学習・教授・評価

のためのヨーロッパ共通参照枠』朝日出版社、二〇〇四）本稿での引用はこの訳による。

（4）内容言語統合学習、content and language integrated learning（CLIL）.

（5）文部科学省「次期学習指導要領等に向けたこれまでの審議のまとめについて（報告）」http://www.mext.go.jp/b_menu/shingi/chukyo/chukyo3/004/gaiyou/1377051.htm 2016.

（6）文部省「中学校学習指導要領」、一九五八年

（7）入門書に、R. H. Ennis, *Critical Thinking*, Prentice-Hall, 1996, G. Bassham et al., *Critical Thinking: A student's introduction*, McGraw-Hill, 2002、などあり。

科学教育の担い手の育ち方と中高大連携の模索

早稲田大学教育・総合科学学術院教授　加藤　尚志

科学研究の現場における理科教員養成とは？

生物学専修と地球科学の両専修を擁する早稲田大学教育学部理学科は、一九六四年に創立されました。当時、私立大学の理学系の生物学と地学を専門とする学科は東日本では初めてであり、全国でも他に甲南大学理学部があるのみでした。そして現在までの半世紀にわたり、理学系自然科学の学び舎、研究拠点として高く評価されてきました。理学科の専門科目は、理学の高度な専門性と実践力を獲得するために設計されており、他学の理学部のカリキュラムとの本質的な違いはありません。

実際に、卒業生の大多数は民間企業人や公務員となり、大学や研究機関の科学研究を担って活躍する者も多数います。一方、早稲田大学の教師養成は開放制で実施されています。教育学部の看板通りに、理学科からも多数の中学校、高校の学校教員が輩出し、なかには卒業後に小学校教諭となった者もいます。最近の五年間の調査では、教職課程を履修して教員免許状を得て両専修を卒業する学生数は全体の三分の一程度です。この数字は、在学中に学校教員という仕事の魅力を否定した学生が多いことを意味するのではなく、入学時に想定した将来進路をそのまま反映した結果でしょう。私たち教員としても、日々の教育活動の目的は教員養成にあるのではなく、むしろ学生達を科学研究の最前線に巻き込んで研鑽を重ねている、というのが現実の姿です。

理学科教員の全員に確認したわけではありませんが、私達が思い描く理科教員の育成の姿と、教員養成系でプロフェッションを獲得させる姿との間には、ギャップがありそうです。誤解を恐れずにいうと前者は、「科学研究の実践経験を積まない者が、中学生や高校生に科学の魅力を伝え、学ぶ動機付けを誘導できるのか？　素晴らしい研究を成し、教科書を書き換える発見をし、学会や論文の発表でさまざまな階層の科学者と交わり、尊敬する人びとに出会う、そういう経験を語ることができる学校教員になりなさい」というものです。対して後者には、「一人前の学校教員がもつべき必須のスキルは、理科の専門性とは別のところにある」という意見があります。それぞれは正しくても理念が違います。前者は、教員養成をないがしろにする科学研究至上主義だと間違われることがあります。また、後者の意見をもって私達が厳しく糾弾されることはありませんが、それでも、教育学部なのだから教員養成に資する教科教育をもっと意識すべきだ、という控えめな意見は耳にします。

将来の学校教員へ向けて、私達は自然科学、実験科学、即ち教科の専門性を徹底的に吹き込むことはできても、教職の専門能力や経験を持ち合わせておりません。現在も理学科には理科教育の専門家はおらず、理科教育法の指導は、卒業生を含む現職の学校教員に委ねています。このような実情もあって、教育学部内では理学科の教員養成への貢献や姿勢について、度々議論の種にされます。自然科学を専門教科とする教師像を考える上で、本質的な課題がここにありそうです。

教育学部理学科の生い立ちとアイデンティティ

地学（地球科学）と生物学を内包する理学科が、早稲田大学では教育学部に設置された経緯を紐解くために、先達が残した記録を辿ってみましょう。『早稲田大学学術史（工学・自然科学部門）』（二〇〇三年）には理系の歴史が詳細に記載されています。また『早稲田大学教育学部五十年の歴史』（二〇〇〇年、教育学部編刊）にも教育学部理学科の設立当時の様子が記載されています。教務主任でかつ地学専修の創設に関わった大杉徴先生の回想[1]には次の記述があります。「文部省としては私立大学に理科系の教員養成部門を置くことは賛成するが、中・高等学校教員養成であるから国立大学の理学部に匹敵する教育内容であるという注文（条件）をつけられ、これには大賛成であった」。そして「理工学部の申しいれと本部の意向により物理学専修と化学専修は理工学部と競合するとして削られてしまい、今の数学、生物学、地学の三専修のみとなってしまった」とあり、文部省（当時）の考えや大学組織の都合が交錯したことが窺われます。

また、生物学専修創設に関する沼野井春雄先生の回想があり、並木秀男先生によって紹介[2]されています。沼野井先生は、「早稲田大学に理学部を創りたいので手伝って欲しい」と教育学部長だった大滝武先生に乞われ、東京大学から早稲田に移籍し生物学専修創設に奔走されました。以後、生物学専修の皆から敬愛された方ですが、「将来は学部とすることを目標としても、一挙に物理・化学まで充当せずにまず手始めに理工学部に持ち駒の多い数学と地学、それに全くの更地である生物学を加えて三本柱で行こうとの案に私も賛成」、人事に関しては「（東京大学の）駒場の教養学部創立のときの失敗の轍を二度踏むまい」と書き残されております。当時、理学科には数学専修（後の数学科）も設置され、石垣春夫先生の回想にも[3]「第一は、優れた研究者を集めること」とあり、産業の成長とともに次第に「数学専修の卒業生の進路も急速に増大し、当初の設立目的であった教員養成の部分の影が相対的に薄くなってしまった」と述懐されています。

すでに理工学部内に数学科があったこともあり、この後の大学院教育学研究科発足以後、数学専修の位置づけと将来展開の選択に苦労されたようで、生物、地学とは異なる歩みがあったように察します。創設時より教育学部における理学の教育・研究の発展には大きな期待が込められ、現在もその本質は脈々と受け継がれており、学生達は日々の学業の中で感じているに違いありません。それは同時に、世間や企業から文系として認知される「教育学部」の看板の下で、正真正銘の実験科学を展開する「理学」のアイデンティティをどう表現すべきなのか、教員、学生、卒業生のそれぞれがずっと煩悶を続けている所以でもあります。

生物学専修における学びの一面

ここからは、理学科の中でも生物学専修を中心に記します。卒業研究に入る学部三年生の終わりから、学生達（すなわち将来の学校教員を含む）は研究室の教員や学生仲間と濃密な時間を過ごす日々となり、実験科学をとことん学びます。三六五日、実験室は稼働します。その日常の中で、人びととの交流、試薬や器材の業者さんへの発注・納品の立ち合い、研究資材や伝票の整理、動物実験や遺伝子組み換え実験に課せられたルールへの対応など、社会性を要求される事案も経験していきます。また、各研究室共通の実験室を用意し、大学院生に自律的な運用を委ねる、という方式は創立以来の伝統でした。

その結果、研究環境整備に対する学生の参画意識がきわめて高く維持され、さらに、「領域交流」の概念をトップダウンで唱えなくても、同一空間内で専門が異なる学生間の交流が自然発生しました。外部の先生や企業の方から、「早稲田の学生達はいいねえ」と褒められることが多いのですが、国公立大学理系には無い学びの環境の中で鍛えられた結果ではないかと思われます。（とはいえ、生物学専修の教育・研究拠点は、二〇〇八年に複数学部と共有する先端医科学研究センターへ移転し、研究環境管理のスタイルは大きく変更されました。創立以来の文化や学生気質の変化について今後の観察が必要です。）早稲田大学教育学部出身の理科教員の原点は、まさにこのような学びの現場にあると思われます。彼ら彼女らはこのような研究の現場経験の「語り部」となって、次世代を育てる役を担うことでしょう。

科学リテラシーとＳＳＨの始まり

沼野井先生は、生物学者であって教員養成の専門家ではありませんでした。その一方で教科書「生物を中心とした中学・高等学校理科教育法」（早稲田大学出版部、一九七六）を著し、また高校生を生物学へ誘う日本文化放送協会のラジオ講座（現・文化放送、旺文社大学受験ラジオ講座）を担当するなど、沼野井先生は自然科学分野における中学校、高校との接続の実践を示されました。現代社会ではより一層、人びとの生活や健康に関わる科学が発展し、科学者が科学リテラシー（Scientific literacy）を提供し、より積極的に社会と接点をもつことが期待されるようになりました。学校教育にもこの潮流が押し寄せました。二〇〇二年、文部科学省と科学技術振興機構（JST）によって、主に高校生を対象とする理数人材育成教育事業「スーパーサイエンスハイスクール（SSH）」が始まりました。SSH採択校では、驚くべき密度の理科系課外活動を盛り込むことが可能になりました。大学や研究機関にも生徒指導の連携が求められ、高大連携という取り組みを大学教員が意識したのはこの頃からだと思います。しかし、大学教員にとっても、教職を目指す学生にとっても、この種の科学教育プログラムへの参画が義務になったわけではありません。高大連携への参加不参加は、個々の大学教員の価値観や志向に依存します。

中高大連携の始まり

私の研究室（分子生理学、実験血液学）が中学・高校の科学教育と初めての接点をもったのは、二〇〇六年のことでした。この年、JSTによる科技振興調整費事業「女性研究者支援モデル育成」に、早稲田大学の全学の取り組みとなる「研究者養成のための男女平等プラン」が採択されました。その中で矢口徹也先生（教育・総合科学学術院、社会教育学）がリーダーとなって「本学の付属・系属高と他校女子高校生のキャリア形成支援において『研究者への道』にチャレンジするマインドを育てる」という取り組みが始まり、理学科からは私と東中川徹先生の参加が求められたのです。

その結果、理系への進路を選択する女子高生達との接点が生まれました。「キャリア形成支援」というキーワードをどう扱うべきか、あれこれと考えた末に、生物学専修の学生に「自分史」を高校生相手に語ってもらう、つまり数年前に高校生だった学生達の進路選択のプロセスをメッセージにして伝えてもらうことにしました。大学生、大学院生は、日常の科学活動の中でパワーポイントによるプレゼンテーション・スキルを完全に身に着けているので、技術的な準備は不要です。これを実施したところ、中学、高校時代の話や、学校の恩師との出会い、受け取ったアドバイス等々、登場した話題は多岐にわたりました。私も初耳で傾聴に値する各人の「自分史」が曝け出され、高校生達の心へ活き活きと投影されたことを実感したのです。これ以後、学生達による自分史トークは、私達の中高大連携プログラム（**表4**）の定番メニューとなりました。

二〇〇八年には東京都の教員免許更新制度に対応した研修科目の立ち上げがありました。私達

表4　中・高校生の研究室体験の一日（モデルケース）

【参加メンバー】	
早稲田大学メンバー	
プログラム主担当	教育学部／大学院先進理工学研究科　教員
プログラム企画担当	教育学部　助手等
実習指導教職員	教育学部／大学院先進理工学研究科　教員（各研究室）
	教育学部　技術職員
実習指導補助者（TA）	教育学部　四年生、大学院先進理工学研究科・修士・博士学生（生徒二名当たり一名のTAが担当）
中学・高校メンバー	
引率・指導教員	プログラム担当理科教諭、学校代表者（教頭等）、
実習生徒	二～四名／受入れ研究室

【実習スケジュール】
9：00　**集合**
9：15　**ガイダンス**（教員・研究室紹介、スケジュール確認）
9：40　**先端生命医科学センター施設見学**
・学生実験室・共通分析機器室・動物実験・飼育施設
・水棲動物飼育室・医工学系ラボ　他
共焦点レーザー蛍光顕微鏡・セルソーター・質量分析計・次世代シークエンサー・DNAシークエンサー・超遠心分子分析装置・各種分子解析装置・人工心臓・介護ロボット・手術ロボット・手術トレーニング装置・臓器シミュレータ　他
10：40　**大学生・大学院生から中高生へのメッセージ**
「科学の面白さと、私のキャリアデザイン」
・一日を共に過ごす学生TAが自分史を語る
11：30　**研究室体験開始**
・この間、学生の日々の生活と同様にして、昼食を取る
16：30　**まとめ**
・生徒による発表報告（一分トーク）
・大学教員・中高教員・TAからの講評
17：30　**解散**

は教員養成に関する専門家とはいえない、という日頃の主張は返上し、やはり教育学部の一員としてお引き受けすることになりました。（こんなことを書くと叱られそうですが、踏み絵を踏む心境でした。）しかしすでにプロフェッションを獲得した現職の学校教員に、私達は何を提供できるのでしょうか。その結論は、高い科学的専門性を維持するための動機づけの誘導です。大学を卒業し、入職後の学校教員は科学の発展を専門家から学ぶ機会を失います。一方、教科書にはどん

どん最近の成果の紹介が登場します。生命科学分野の発展は凄まじく、理解も自信も失っている教師がいるはずで、先端科学とのギャップを埋めて「高い教科専門性の獲得」を目指す教員の支援をしようと考えました。それならば私達の専門性がお役に立つというわけです。

二〇〇八年に入職一〇年目を迎えた教師は、大学在学中に「体細胞クローン・ドリー」「幹細胞」「再生医療」などを学ぶ機会がなかったはずです。しかし今や新聞記事に頻繁に登場する題材であり、それを目にした生徒へ科学的な説明ができるか？という課題の提示を考えました。そして最先端の実験装置を見学し、教科書に登場する新知見を生み出した装置を知ってもらい、さらに現代流の実験操作を実習で経験してもらう、といったリカレント・プログラムを試みたのです。当日、中・高校教員の皆さんは何やら疲れ切った表情で集合しました。多分、学校教員には学校教員のプライドがあって、大学教員相手の研修などに気が進まなかったのだと思います。しかし、講座が進むにつれて次第にやる気が前面に出てくる様相となり、こちらの狙いを受け入れてくれました。中高大連携プログラムの主役は生徒達ではありますが、この時、引率教員に向けた大学側のメッセージにも工夫があって良い、ということに気づかされました。

中高大連携プログラム～科学教育コーディネーターはいませんか？

早稲田大学には中高大連携のための支援制度はありません。教員の活動評価で中高大連携への参画が加点されることもありません。ＳＳＨ指定校となった早稲田大学高等学院や本庄高等学院とは、高校～大学研究室間の交流プログラムがあり、私の場合は高等学院の生徒の受入れ経験はありました。そのような中、二〇〇八年に幾つかの学校から相談があり、以後、生物学専修の並木秀男先生（細胞生理学）、小泉博先生（環境生態学）、大山隆先生（分子遺伝学）、園池公毅先生（植物生理学）、富永基樹先生（細胞生物学）の賛同と参画を得て研究室体験プログラムを実施してきました。

表4に示したプログラム（モデルケース）では、「研究者養成のための男女平等プラン」や「東京都教員免許更新講習・試行」などの経験を活かしています。法に基づいた遺伝子組換え実験、動物実験を行う施設への出入りについて保護者の同意を得ること、学生の日常生活そのままに近くのスーパーで弁当を買い出しする等の許可を得ること、なども必要です。**表5**は、私達の狙いを反映した生徒達への質問状です。生徒達は見たこともない装置を使って実験し、大学の学生や教員の話に感心するのは自分達だけではなく自分達の教師もそうであることを観察し、最後にさまざまな思いを一分間トークで披露し、一日が嵐のように過ぎ去ります。

この取り組みで、受入れ側が抱える未解決の問題は沢山あります。まず、実施日程の調整が大変です。大抵は夏休みになりますが、この時期に事務所は閉鎖しても理系研究室は決してお休みではありません。国際学会へ出かけたり、秋の学会シーズンを前にして研究活動に専念したりする貴重な時期です。複数の研究室の都合を合わせるだけでも面倒が発生します。また、大学からの経済支援がないので、ＴＡへの謝礼や実験消耗品の実費は、ＳＳＨ校の予算や参加校の財政で負担してもらいます。さらに施設見学の準備や、施設入館許可の取得など、諸々の軽作業が果てしなく発生します。

表5　中・高校生へ向けた質問票

それぞれの研究室で経験した内容や学んだことについて、まとめてみてください。

1. 理解できなかったこと、良く分からなかったことを整理してありますか？
2. 理解できなかったこと、良く分からなかったことを調べてみる方法はありますか？
3. 研究室によってテーマは違っても、学習や体験の内容の共通点を探してください。
4. 実習で扱った方法やテーマは、教科書のどこに、どのように記載されていますか？
5. これまで学校で教わったことで、今回の実習の理解に役立ったことは何でしょう？
6. もっと深く理解するために、どのような知識をもつことが必要ですか？
7. どこで「生物学を学ぶには、英語を学ぶことが必要だ！」と気がつきましたか？
8. どこで「生物学を学ぶには、物理や化学を学ぶことが必要だ！」と気がつきましたか？
9. 実習内容には、科学と、社会や生活とのつながりを考える題材や話題がありましたか？
10. 科学がより一層好きになりましたか？（それとも、難しくて嫌になりそうですか？）

大学・大学院で科学を専門に学ぶ学生や教職員との出会いがありました。

11. 学生、大学の教職員による説明や実習の段取りは如何でしたか？
12. 大学生や大学院生から、どのようなことを学びましたか？　どう受け止めましたか？
13. 大学で学ぶ仕組み（学部とは？　大学院とは？）は、理解できましたか？
14. あなたの将来像を描くヒントは見つかりましたか？

早稲田大学で過ごした一日で、あなたにとって印象的あるいは意外だったことは何でしょう？

15. 実習で知った新しい科学の知識や経験？
16. 実験室の様子や、装置や器具？
17. 出会った生き物？
18. 実習中に交わした友達や大学の人たちとの会話？
19. 大学の学生たちや先生たちの暮らしや人生？
20. 昼食の買い出しや、食堂の様子？

21．一緒に行動した高校の仲間や先生たちの様子？
一分間トークでは、自分の体験や考えを思ったように表現できましたか？
他班のメンバーや、学校の仲間や先生達にも、自分の体験を説明してみてください。
22．上手く説明できますか？
23．あなたにとって、何が一番面白かったでしょうか？それを伝えることができますか？

それでも私達がこのプログラムを続けてきた理由の一つは、成長機会がTAとして参加した学生達へもたらされるからです。中学生、高校生の目の輝きや疑問に接して、自分が科学の世界に踏み込む決心を振り返り、学校教員への道を断念した学生が教職への道を再考し、科学事象を易しく説明する能力の重要性を実感する……などの貴重な機会になります。本プログラムの受入れはたかだか年に数日、と自分達を励ましながら、これまで青息吐息で実施してきました。しかし本来の教育・研究に加えて、今後もこのような「エキストラ」な活動を続けられるのか、見通しは明るくありません。高校側の担当教諭の皆さんも、私達の都合に合わせることに毎年ストレスを感じることと思います。もし世の中に「科学教育コーディネーター」という職が存在するならば、まさに私達を支えて頂きたい。

将来に向けて

タフで多様な教師が求められる一方で、理科教育では高い専門職性と自律性が求められる場面が益々増えています。公立学校教員採用に関する最近の統計では、教員養成系大学よりも一般大学の卒業者が半数を超え、特に高校教員では大学院修了者数が年々増加しています。さまざまな立ち位置の学校があり一般論として成立しませんが、ＳＳＨの実施校などでは教員の高度化が実現すれば、大学との連携は今ほど求められないだろう、という予測もあります。

ＳＳＨで鍛えられ、高度な専門知識を扱う力を獲得した生徒にとって、大学入学後の初期教育レベルはまったくマッチしないだろう、という現実も見えてきました。新卒教員の養成ばかりではなく、体系的なリカレント科学教育の提供によって教師をリフレッシュさせ、科学教育において自信と確信をもって生徒に接する教師を現場へ返すことも大学の役割のひとつと思われます。

（謝辞）　本稿に記載した中高大連携プログラム策定の試行錯誤に参画して頂いた次の先生方（いずれも当時の勤務校、敬称省略、順不同）に感謝いたします。
井上正美・西野博・赤羽弘雄・矢野光子・川島宏志・大山貞雄・山下登（埼玉県立川越女子高等学校）、上村礼子（東京都立小石川中等教育学校）、小高暢子・藤村文美・荒井惠里子・佐伯知明・大島悠希（山脇学園中学校・高等学校）、前川洋・廣原誠・櫻井健一・小島晶夫（北海道札幌西高等学校）、多ケ谷卓爾・加藤陽一郎・中島康（早稲田大学高等学院）

引用文献

（１）大杉徹「学会・専修創設の話」『早稲田大学教育学部五十年の歴史』（編・刊）早稲田大学教育学部、二〇〇〇年、一五八－一五九頁
（２）並木秀男「生物学専修のあゆみ」『早稲田大学教育学部五十年の歴史』（編・刊）早稲田大学教育学部、二〇〇〇年、一四〇－一四二頁

（3）　石垣春夫「私問、数学専修の歩み」『早稲田大学教育学部五十年の歴史』（編・刊）早稲田大学教育学部、二〇〇〇年、一三一－一三六頁

【付録】早稲田大学卒業生教員調査「教師教育についての提言」自由記述一覧

- 特定の学校との連携だけでなく、多様な学校（単位制・総合学科・専門学科・定時制・特別支援など）における体験・実習の機会を多く設けてはどうでしょうか。
- 「もの言わぬ」ではなく、「意見を言える」「場合によっては反対できる」教員を作って、育てていってほしい。「進路指導」は業者に頼らぬよう行い、「生徒指導」は細かくならぬように、指導助言してほしい。そのことがつまらぬ多忙化を回避する方策だと考えます。
- 理論も必要。ただ、インテリジェンスを持ちながら（働かせながら）「こうあるべきだ！」に疑問を持つような学生を育ててください。人間が人間を「教育する」とはどういうことなのかを、じっくり考えさせて下さい。
- 体験活動を増やし、厳しい現場を経験させるべき。
- 十分に早稲田らしさを考えて下さい。他の大学を退職された先生を中心に組んでいくと、他の教員養成大学と同じようにカラーが無くなってしまうような気がします。
- 自分の時代は教員になる人が少なかったと思う。大学時代の教科書、ノートを見ると、とても役立つ事を学んでいました。本当に早稲田大学教育学部に入学して良かったと考えています。
- 社会の変化に柔軟に対応できる人材が必要。
- 実際に生徒を動かす力、組織の一員として協力する力、人に相談しながら自分で判断する力をつけるような体験をさせて下さい。ただし、「高校」では教科の専門性が一番です。これがないと厳しいです。
- ＩＣＴ関係の授業をとり入れる。
- コミュニケーション力をつける。カリキュラムを考える（討議、その他）。
- 合格に直結する講座を、単位とは関係なくともつくっていく（面接対策、教職教養対策……）。
- 私は現在の母校教員養成システムをより知りません。栃木県では、教育学部と同じくらい文学部出身者が教員になっています。母校の益々のご発展を期待しています。
- 大学院での指導をはじめ大いに改革すべきと思っています。とにかく「タフ」な人が少ない。〝教科〟指導は第一だがそれ以外の仕事がごちゃまんとあるなかで、創造的にダイナミックに、積極的にこなしていく姿勢を培っていただきたい……。
- 中・大連携で教職大学院の学生を二年間、現場に派遣していただいた経験があります。非常に優秀な方ですぐに横浜の教員になりました。現在、中学校特に公立中学校は様々な人材を必要としています。即戦力となる学生の育成を望みます。それには教育学部に限らず教員志望の学生には一年二年の時から現場を知る、体験できる機会があれば良いと思います。

- 経験値を高められるようにご配慮をお願いします。多様な生徒に対応できる人材養成をお願いいたします。
- 大学三年生の夏休みの時期に、小中高で研修する機会が与えられるように大学側から働きかけていく（夏休み期間は、先生方もある程度自由な時間があるので、大学生に基本的なことについて教えたりすることも可能。また部活動指導を一緒に手伝わせてもらうことも場合によっては可能である）。
- 教師の仕事は、児童生徒の学習指導、生徒指導、保護者への対応、教員集団としての組織的役割、成績処理等の事務的な仕事と多岐にわたっています。教員としては、様々な体験を積み、それを生かすことのできる資質をそなえるよう養成することと、事務的な面の処理能力を高めることの二面があると思っています。そして、豊かな人間性をそなえた教員を養成することが大切であると思います。
- より現場に近い授業内容であること。また、取得単位数をもっと卒業単位に入れられるようになるなど、負担を減らすこと。
- 現在はマンネリ化して、教員になるようにうながしていないと思う。娘が早稲田で教職課程を修了して卒業したが、教員にはならなかった。教職課程の授業でも、教員の良さを伝えていなかったように感じる。もっと工夫すべきではないか。
- 教育実習の機会を増やすことは難しいと思うので、早大系列校に授業見学に行く機会を増やすような、現場を見ることが大切だと思います。
- 知らないので答えようがありません。
- わからない。学生に不親切なシステムでよいのでは。
- 現在新設された教職研究科や教育学部の初等教育専攻は大変良いことだと思います。現在の詳細な教職カリキュラムはわかりませんが、教職科目の時間も内容ももっと充実させて、早稲田大学から一人でも多くの学生が教職を志して欲しいです。教育実習とは異なる現場訪問研修などをＯＢ・ＯＧ勤務学校などで数日あるいは短期間でも夏休みなどに実施必修などいかがでしょうか？担当教員は職専免などの扱いで。様々なことについて教示できるはずです。
- Ｑ11、12がややもすると、協働の精神の欠除をもたらすことが心配である。一匹狼的にならぬような指導を願いたい。
- 最新の理論と実践を結びつけた授業を行い、学生自身が活動する中で学ぶ形をつくっていく。
- 単に知識や技能を磨くのではなく、教育とは何か、教師はどうあるべきかを考えさせる内容を教員養成システムに盛り込んでいってほしい。
- 特になし。
- 多くは現場で学ぶものが多いと思います。なので、システムによって、それを肩がわりするのはムズカシイようにも思います。大学では理論、実地ではその理論を頭のスミにおきながら、前向きに学ぶしかないように思います。
・知識や技術はもちろん大切ですが、結局はどの社会でも「人としてのあり方」がちゃんとしていないと、成長することができないし、成長する機会も持てないように思われます。「ちゃんとした人」を育ててほしいです。
・現場で新しい試み等をされている先生の意見や、現場を見る機会を設けるべき。
・クラス編成や成績をならべかえたり、座席表をつくったり、エクセルを用いてデータを編集する実践的なスキルが現場では求められる。この、パソコン活用能力を大学で身につけたかった！パソコンが使えると重宝されます。最低限の現場で求められるデータ処理の方法を身につける機会がほしい。
・現場では、生徒集団の人間関係をよりよいものにしていく方略が必要である。そのための学び、スキルの修得ができる仕組が大切である。表現力をいかに培っていくか、学級の実態に合った構成的グループエンカウンターの実践など、すぐに活用できる能力を高められるシステムがほしい。
・私の時代はシステムらしいものがあると感じられなかった。それが実感できるようなものになっていればよいが……。
・国立大学のように、小さな人間＝教師を育てるような仕組みはとれないでしょう。あまりきめ細かい仕組にはしないでほしいというのは卒業生の郷愁です。現在の教育課題に対して、きちんと対応し、解決策を示せる人間を育ててもらいたい。
・学部に関係なく履修できる点はそのままが良い。実習と相互の授業研究のできる環境が必要。中高と放課後のチューターとして連携して、実践を組む。講義形式でもアクティブでもできるように、自身が体験しておく。部活動指導または行事、委員会指導の実際を理解する。
・オープンシステムの良いところをできるだけ守って欲しい。
・教員のリーダーとなるべき人材を育成すべき。
・今のままでよいのでは……。
・現在校長を務めていますが、教頭時代から11年目の管理職在職になります。上述のような精神を持ち、秘められた闘志を持つ、高潔な骨太の人材育成をお願いします。母校出身の講師の活用など、現場の息吹を入れることも必要と思われます。
・超エリートを養成するコースを作らざるを得ない時代かも知れないけれど、そうでもないコースも確保して、いつデビューするか（教職に目覚めるのか）分からない人物をも吸収していく複線、複々線的な幅広いカリキュラムをもち、本人が気付いたところから他コースに移れる教育システム。
・現場の情報を養成システムの中でどう活かしていくか。
・採用後、理想と現実のギャップに苦しむ若い先生が（一時よりも少なくなったとはいえ）いらっしゃるのは残念なことです。現場にいる先輩の声をきく機会を増やし、そのようなミスマッチやギャップでやる気がある若い先生が苦しむことが減らせたら、いいのではと考えます。

- 私自身が早大のシステムについて現状把握が不十分なため、回答不能。
- 授業よりも現場に出すべき。進学校から底辺校まで体験させるべき。そして、教員に向いていないと気づいたら、すぐに他の道を勧めてあげて欲しい。（早稲田の名前があれば、公務員や一般企業に勤められるでしょう。）最近「君、本当に早稲田の出身？　大学で何してたの？」「勉強してました」という新採教諭が多くて、本当に心配しています。
- 率直に言ってよく分かりません。
- 教職プロパーの知識の充実よりも、将来教員となろうとする学生にとっては大学で様々な人とのふれあいで豊かな人間関係を作ることの方が大切だと個人としては思います。
- 多様な人材育成。
- 広い視野をもった教員養成システムの構築。
- 学校現場の実情を知る機会（情報）を多く持っていただきたい。
- 現場における実態と課題について、教員志望生徒に伝えることが重要であると思います。理想（二～三週間の教職実習では？）と現実を直視させたい。
- 卒業してからずいぶん時間も経過しており、最近の様子はわかりませんが、理論的なものを覚えるとともに、現実の教育に求められているもの、課題等についても考えられるような内容も必要であると考える。
- 志を高くもち、高度な専門性を備え、教育的愛情にあふれた人材。
- 御用学的に現状に甘んじるのではなく、教育のあるべき理想を高くかかげ、足下を見つめつつ、一歩ずつ着実に前進できるように、持てる人材力をすべて活用して、常に、この世界をリードする存在であり続けること。
- 附属高校との連携。
- 最近のシステムにおいては、若者育成の為にかなりきめのこまかいプログラムが必要かなとも思う。個性のない若手教員が多くなっている。
- 生涯にわたり、学びつづける意欲を身に付けさせるシステムをつくること。
- 稲門会とのさらなる連携。
- 官製研修はほとんど機能しておりません。現場の実態に即した「実学のワセダ」らしい具体的な内容での研修が望まれます。
- 別にワセダだから、国立大だからという差異はなくともよいと思う。教員として何が大切か、これだけは身に付けておくべき資質（知識、技術含めて）をしっかり身に付けさせることが大事だと思う。

・学習指導要領の趣旨を活かした学習指導法について十分に学べる場があること。実務について学べる機会があること。
・教員を見ると優等生タイプが多い。早稲田のバイタリティで、人の心をつかむ指導力と少しの頭脳でもって教育に新風を吹きこんで、国立系を超えて活躍する人材を輩出してほしい
・現任校は大阪府立の高校であり、俗にいう指導困難校で、一年入学生が三〇～四〇%留年したり退学する学校です。そんな中で悩み自信をなくし、やめていく先生も複数います。机上の指導法だけでなく、いろいろな現場があることを前提に教員養成してあげてください。
・技術的な面は言うまでもなく、他者に対する思いやりの心と、人間関係をうまく作って行けるバランスの良い人を育てて行ってほしいと思います。よろしくお願いします。
・精神的にタフな、逞しい人材の育成を図るシステム。
・良い人格を輩出して下さい。
・理論はもちろん、現場に根差した、即戦力となる教員養成を行っていただきたい。頭でっかちの人が周りにいますので。
・学校現場に即した、より実効性のあるシステム。
・夢や希望、理想を追求できるシステム。
・今の自分があるのは早稲田大学のおかげです。
・大学のシステムというよりも、文科省の役割だと考えます。教壇に立つまでに、高度な専門知識と教養、そして実際の現場でのインターンシップを少なくとも一年間は徹底的にやって鍛えるべきです。その観点から早稲田大学は、全国の大学をリードする環境を提供できると思います。
・Q10、11を守り、達成できるシステムであれば何でも良い。要は「人間性」（人間力）を育てることが大切。早稲田頑張れ！　がんばって下さい。後輩達をよろしくお願いします。
・現職教員（特に同窓生）に広く学べる機会を提供し、また、現役生も、その人達との交流を通じて、教員としてのキャリア教育の一部としてもらいたい。現職教員から学部生への指導の機会があってもよい。
・座学も大切だが、現場での実習体験が重要。特に子供たちと肌で触れ合うことが出発点と思います。休み等利用し、地域に出向き、自らその体験を積むシステムなど重要に思える。短時間でも継続できることがあれば効果が期待できる。ｅｘ．私の学校は夏休み、進学を希望する者のサポート等で集中的に張り付いた指導等があればと思います。学校、地域で教育的な指導を希望している所はたくさんあります。そういう情報を大学が集約してその情報を生徒に流す。生徒は自分の生活リズムにあわせ、体験をつむ。それを単位として認める方向などはいかがかと考えます。
・公立の教員を育てようとするなら、現場の状況やニーズを深く知る事が大切かと思います。現場出身の指導者を増やすとか。今、学校では、どんな人材が求められているのか、何が課題なのか、しっかり把握することが重要だと思います。

現在の採用の状況を見ると、教員としての基礎学力も含めて基本的な資質に疑問があるケースも多い現状です。早稲田出身者は安心だという実績づくりが必要かもしれません。

・現場で学ぶチャンスをもっと提供すべきではないか。

・現在、本校に在職している三年目の教員は、大学院出です。残念ながら、非常に素直で真面目ですが、（たぶんお勉強はできたのでしょう……）教員としての使命感やセンス（？）に欠けます。小粒になったのでしょうか？　生徒や保護者と関係が築けません。教師として「かくありき」の前に「人間としてどうよ！」です。総合的な「人間力」の育成をお願いしたいです。

・システムは今後も試行しながらその時々の状況によると思います。今、私の考える教員の要件として、その人自身の考え方が大切である。生徒と人生を語ることができる。生徒は皆幸せを望んでいるが、その幸せが具体になり、他の人に誇れるようになる。そのための人間観察ができるとよい。次に、授業で勝負できる指導力が基本である。教師自身が教科書を十分に理解していることです。

・多種多様な人材が集まる早稲田から、もっと多くの教員がうまれてほしいと思います。その為に、今、教員をしている早稲田ＯＢにどんどん声をかけ、いい意味で利用してくれたらと思います。

・真の意味でのコミュニケーション力を養成し、教職に就いた後も、研修を続けられるシステムとして欲しい。また、採用された現職教員（中堅）が指導できるシステムがあると良いと思う。

・他学部との共通科目をふやす（学校に、高度な専門性より必要なものがある！）。

・実習後、学生同士で感想を語りあう場を設ける（わたしのころにはなかったのですが。）（報告、連絡、相談ができないおとなを減らす）。

・サークル等以外で、社会人や先輩、後輩とかかわることのできる課題（実習は……ちょっとおもい）を科す。人の生き様レポートをつくらせる→発表→意見交換、問題発見。

・教科指導法の講義は非常に大切なので、一流のスタッフを揃えていただきたい（私は国語科ですが、町田守弘先生の講義はすばらしかったので、今もよく覚えている）。

・学部生の時代に、各都道府県で実際に勤務している教員の先輩たちと会い、話す機会があれば、教員になろうか迷っている学生の参考になると思う（各都道府県の稲門会組織に協力してもらい……）。

・大学入試センター試験も見直され、新しい学力試験が始まるので、従来の学力観ではない新しい学力観や、それに基づく指導方法を先生と学生がともに探っていくような魅力あるプログラムを多く作って下さい！

・詳しくは存知ませんが今のままで良いと思います。一つだけ言うとすれば「サラリーマン教員」を育てないで頂きたい。そんな講座があっても良いのではないですか。

・現行のシステムがどうなっているのか詳しくわからないので、意見は差し控えます。
・あまりととのえなくてよい。養成を受ける学生の自立する力を自身が身に付けさせようとしないのでは有意義な教員になれない。
・今の教育界には優秀な人材が入ってきません。心（徳）・体・知、バランスのとれた、何よりもセンスのある若き進取の精神をもつ教員を送ってきてください。
・地方の国立大学の教員養成にはない（あっても重きが置かれていない部分）を大々的に打ち出してはどうか。福祉教育、医療教育、遊び教育、地球教育、環境教育、人権教育、憲法教育、労働教育、道徳教育。私は社会の教員ですが、他教科の先生もその教科の専門性の他にこれらのことは将来社会人となる生徒を教えていくためには必要な素養と考えるからです。あと、早大が前々から唱えられている「グローバリズム」も教員養成の柱にしてはいかがでしょうか。
・やはり人とのつながりを重視するのがよいのではないか？　大学生と大学ＯＢ（教員、教員ＯＢ）と出会う機会が一度でもあると教員志願者（志をもった）が増えるのではないか？　例えば大学からの紹介状をもって各学校で勤務している大学ＯＢを訪ねるだけでもよい。
・不勉強なもので、母校のシステムがどのようなものか詳しく知りませんので、かくあるべきということは言えません。最近の本県（神奈川県）の採用状況や新採用者の様子を見ての一般論（高校）としては、①多様化している高校現場を踏まえている。②文科省などの教育施策のトレンドを踏まえている。③生徒指導や教育相談、インクルーシブ教育の知識・技能　こうしたことがきちんと身についていることが、新採用者には必要だと考えております。一言で言えば、「現場主義」とでも言うのでしょうか。えらそうにすいませんでした。
・現在のシステムがわからないので書けません。
・今、どのようなシステムかよく知らず申し訳ありませんが、ただ「きちんと授業できる人」でなく、「多様な子どもに対応できる人間力をもつ人」を育てて欲しいと感じています。
・現場での教育実習の充実。子どもとふれ合う経験の充実、働く意義（生きる力）の養成（アルバイト経験など）。
・海外での生活経験。
・ボランティア経験（喜び、幸福の追求など）。
・現在の状況は把握しておりませんが、様々な取り組みを実施していること、現場の義務、高校にアプローチしていこうとする実践は評価できます。
・多様な価値観、考え方を容認する寛容性をもったシステムであってほしい。正しいことは、実験によってのみ決まるのであって、多数決や討論で決まるのではないということを身にしみてわかった。
・技術だけを追求しないように願います。

- 授業の指導法や子供の扱いの優れた教員は、子供の目や表情を見て、教師の言ったことを理解したかどうかがわかる能力を持っています。これは、他人に教えることのできない、持って生まれたものですが、実践である程度は身に付くと思います。教員養成システムでは、そうした能力を身に付けさせる実践的なカリキュラムが必要であり、それを指導できる現場教員の登用を検討してはどうか。また、管理職を目指す意欲や態度を持たせるため、学校経営の楽しさ、面白さを学ばせてはどうか。早稲田大学を卒業した教員は管理職、指導主事を目指すことを期待しています。いずれにしても、学校現場で活躍した人材を大学で登用することが何よりだと考えます。
- 「人として」子どもを育てる人材育成に、力を注いでもらいたいと思う。
- 現場との交流。
- 特に公務員としての教員に言える事ですが、大半の教員は実社会の経験をせずに教員の世界に入っています。いわゆる井の中の蛙状態であり、世間の人が聞いたら驚く事が多いのが現実です。出来れば、教職の世界に入る前に、民間等の実社会を経験できるように出来れば、良いと思います。なかなか難しい事だと思いますが……。
- 即戦力として教壇に立てる教科指導の力を養成する。
- 対、生徒・保護者・教職員とのコミュニケーション能力の養成。
- 一般教養科目の充実。
- 教育実習の充実。
- 現職教員による指導。
- 本県においては、小・中・高の免許が求められる為、地元国立大学教員養成との開きが見られる。よって、幅広い免許取得の可能性を拡げる必要があると思われる。
- システムよりもそこで学生が何を学ぶかが大切である。自立した学生を教職に就かせることが使命と考える。
- 稲門出身の教員のもとに、教えを受けにいくシステム。
- 若い教員（人）が、組織を意識して活動できる資質が形成されるようにと思う。
- システム自体、よく知らないが、学芸大の教員よりは、優秀な教員を養成してほしい。
- 現場の教員を活用した方が良い（生の情報、現状）。
- 大学生としての広い教養。
- 高い専門性。
- 現場と連携。
- 人間性を育てる。
- 通常「ゼロ免」のまま存続してほしいと思います。

・個人主義という古い言葉ではなく、孤立している学生が多いのではないかと危惧しています。集団の中で高め合える教員養成のシステムを構築して欲しいと思います。
・ぜひとも来るべき「若年教員の管理職化」に対応できる力をつけさせるシステムを導入していただきたい。つまり、若年期より管理・運営の能力も磨いていかなければ、将来大変なことになると憂えている。逆の言い方をすれば、管理・運営の能力を磨きながら、教職のプロの道を切り拓いていこうとする姿勢・実践を促したい。尽力する所存である。
・貴学に入学した時点でそこそこの学力の担保はあるため、より実務的な授業があってもよいのではないかと感じます。
・机上の空論に重きを置くのではなく、現実の生徒、現場を踏まえた指導の実践。
・個人情報の保護問題があるが、早大出身者のネットワークを充実させ、お互いが切磋琢磨できたり、互助できる system があると良い。
・国公立大の教員養成学部とは異なる、基礎学たる専門科目を重視した学びのシステム。
・大学院の充実。
・教育実習を成功させるべく、サポート体制が必要（事前研修、実習中の相談体制）。
・採用後の相談体制の確立。
・採用試験合格へのサポート（問題傾向）。
・採用試験合格へのサポート（面接指導等）。
・システムのことを十分わかっているわけではないのですが、的外れな意見を申し上げたら申し訳ございません。退職校長等の天下り団体ではまずいと思います。実力のある方、様々な場面で苦労し、児童生徒を愛しつつ、ある程度は行政の事情についても精通している方が、いるといいと思います。
・既に時がたちすぎていて「最近の教員養成システムは」と語ることができない。ただ、学長も入試改革の先頭に立っているところなので、最新の中等教育のあり方を積極的に発信してほしい。
・より多くの教員を輩出できるよう、指導体制や採用試験に合格できるような課程等の設立が必要かと思います。更に、ただ単に成績だけでなく、人間的な魅力をもたせるとともに、特別活動の指導にも重点を置いたシステムをつくっていただきたいと思います。高等学校現場では教科指導力に特別活動の力が求められています。
・特にはありませんが、現場に出ないと分からないことがたくさんあると思いました。理工学部の生徒が教職課程をとるのが少し困難でしたので、それが改善されているといいなあと思います。現状が分からないので的外れでしたらすみません。
・「〜あるべきだ」と考えることは必要ありません。ただ、若い教員に常識と思われていたことが通用しなくなっていることは事実です。電話の応対、人との挨拶の交わし方等、いわゆる礼儀だけは教えることが大切と思います。二〇〇〇年頃からの市場原理主義、競争主義、新自由主義、成果主義が、声高に言われてから、若い人の発想に悪い変化が生じたと思います。「自分だけは……」とか、他人に責任を転嫁するようなことはやめさせたいものです。

・早稲田に限らず、教員になった後を念頭に教員養成をシステム化することは限界があると思われます。ならば、教員になった後の研修をリカレント教育的な観点から支える広い意味での養成システムを考えるのも一つでしょうか。この意味で進めているＥ－ラーニングは学びの機会を増やすものとして歓迎しております。

・あまり詳しくありません。小中学校の現場との距離が近づくよう、インターンシップの充実が必要。

・最近の教育課題に対応した多様な（総合大学を活用した）選択科目を多く設ける。

・教職の専門性を高めるシステムと教員としての資質・能力を磨くような養成システムが、視覚化されたもの。教員の中には明らかに発達障害と思われるものが多数いるので、その方面の認知を高める授業（わいせつ・非違行為による懲戒免職が多いため）。

・理想を追求するだけでなく、教育現場が抱える矛盾をよく考えられるようなシステム。実践を重んじるカリキュラム。

・早稲田大学の学生はインプットの能力は十分ありますから、アウトプットの能力を鍛えるシステムを大事にされるべきと考えます。

・知識、技能、理念を修得させるだけでなく、人と人との交流や、人間関係の調整能力を身につけたうえで、リーダーシップが発揮できるように育成してもらいたい。

・自分の現職時代は、大教室での講義形式の授業が殆どで、教育原理や心理学などを学んだ。実際は教師としての魅力や現場の実情（困難）など、キャリアガイダンスが大事。出身高校よりはるかに難しい（生徒の実態が）学校や特別支援学校へ行くこともあると思うので。書物の学問だけであれば早稲田の学生なら読めばわかると思います。

・より現場に近いところで学ぶとともに、持続可能な社会に貢献する人材を輩出すること。

・特定の思想、信条や流行に流されないよう望んでいる。

・教員として持つべき資質は、人間愛、生徒愛であり、それのない人は教員になるべきではないと思う。すべてはそこから出発する。

・新しいことに挑戦できる不屈な人材をつくることが大切だと思います。特に今の課程では理不尽な経験を積ませることは皆無です。あいさつは必ず直立させて行うとか、自衛隊の体験入隊とか、合理性や効率性から離れたプログラムがあるとよいと思います。

・現場との交流。

・特になし。

・私の頃は、大教室での、大人数の授業ばっかりだった。先輩をまじえて、せめて三〇人くらいで、現場のことについて話し合う機会があったらいいのに、と思う。
・教科によって違うとは思うのですが、英語であれば、ある程度英語で、授業（高校や中学の）ができるレベルが必要だと思います。
・近年、教育学部にて小学校免許の取得が可能になり、地方の教員採用試験に対応できることから、大学では小免取得の推奨をお願いします。古い話になりますが、私は小免を玉川大通信課程で取得して、福井県の採用試験に臨みました。また各都道府県が実施する教員採用試験に関する特別講座開設もお考えください。
・現在のシステムがよくわかりませんが、実際に授業を行う経験をたくさんすべきと思います。
・学生が伸び伸び何か好きなことに取り組める環境であってほしいです。それと同時に、やはり専門性の高い人物になることは大切だと思います。
・早稲田らしさを養うことであると思う。
・現場とより連携を図ったシステムにしてほしい。
・良識に欠ける保護者や同僚の存在を知り、そのカバーをして行く中で気が病みかけています。しかし、そんな中できたえられていく。学ぶのはやはり現場でしょうか。
・Q11のような人間を否定し潰してしまわないようにしてほしい。悪い意味ではなく物事を批判的に見る（いろんな視点から見る）ことのできる人材育成に努めてほしい。
・今の養成システムがどのようになっているか（卒業後三五年も経っているので）よくわかりませんが、〝教育臨床学〟的な現場の先生、又は退職した先生が教えることは必要だと思います。現場は生きているし、生徒も保護者も、そして若手先生も日々変化していますから。
・早稲田出身の教員が少ないので、どんどん教員採用試験にチャレンジしてほしい。
・実態が分からないので、トンチンカンになるかもしれませんが、基礎的な土台（教育学一般、心理、生徒指導などの知識）、実践的な学び（現場の実践を踏まえた考え方、対処法、方法、あるべき論など）。
・小・中・高でのインターンの経験、そこでの新たな課題の発見、自分の適正、強さ、弱さの発見と今後の課題への思いと意識、インターン後の再度の学び。課題意識をもって、再度学校での実践経験、上記２つを学校ボランティアなどを通して学びと継続する。
・型にはまった理論だけでなく、社会体験やディベートなどを通して、柔軟で、信念・情熱があり、人間味のある養成システムを構築してほしい。
・人間性を重視した取組を希望します。不適正な者には進路変更も。
・現在の教員は専門の教科の学習以外に、対応すべき社会的要請を受けての知識と実行力が必要となっている。単に教職のための授業をするだけでなく、現在の学校で必要とされることをまとめたテキストを作成され、学生に修得させるとともに、概略をもとにそれを克服する気概を持たせる必要がある。また、現職教員向けの大学院（教職）も各県教委とタイアップして受け入れることにより、専門性の向上を図る必要がある。

- 教育現場と密接な関係を持ち、現場の先生に直接教えてもらったり、現役の教員を再教育することも必要ではないか。
- 学校外でのいろんな経験が大事。
- 毎年、大学より教授をお迎えしてシステムの説明を聞いております。このような会を大切にこれからも参加させていただきたいと考えています。
- 専門領域に関する知識、技能、探求の方法の定着（不易）。グローバル化への対応（流行）。
- 教員経験者（管理職＝校長等）を学部の指導者として採用する。
- 現在の教員養成システムについてあまりよく分からないので何とも言えないが、とにかく理論中心ではなく、実際に子どもたちに直接指導する力、実践力をつけさせて欲しい。
- 新しい教育課題が山積している今日、課題解決能力を備えた人材の育成をお願いします。
- 教育界にとどまらず、世の中全体を見渡せる広い視野と、人としてあるべき正しさをもち、子どもたちを導ける教員を育成すべく、豊富な内容と弾力的な運用が可能なカリキュラムを設置し、日本の未来を拓く子どもたちを教え育てる教員を数多く養成してください。
- 私が在学中から、様々な試みがなされており、私もそのシステムの一つに参加した（名前は忘れた）。いろいろな機会が用意されており、本気で教職に就きたいと思っている人には充分に整っている学校だと思う。できるだけ、現職の先生方の話をきく機会は多い方がいいと思う。講義ではなく座談会的な物の方が、ざっくばらんに話せて良い。
- 実習を重視した方がよい。
- 今、現場で必要なことは、教科の指導法よりもさまざまなプレッシャーに負けない強い精神力と協調性。
- 六・三・三・四制が変更されることから小・中・高の免許をとりやすくする工夫。
- 中学校の場合、学校の小規模化に伴い、教員数が減少する。複数免許をもった教員が必要になってきます。二教科教えられる。
- 卵プロジェクト（大学三年時）に参加し、子どもと関われる人が教員に向いています。
- 採用試験に合格するためのサポートをしっかりと行うこと。
- 学校現場の状況を正しく認識し、実態に即した資質・能力を育成できるようにしてほしい。
- 良い意味で組織に埋もれない個性的な教師が育つことが、生徒にとってとてもよい刺激になると思います。今後ともよろしくお願いいたします。

・精神さえしっかりしていれば、小賢しい方策は必要ない。しかし本来早稲田的であるべき筈の骨太の精神が、むしろ慶応の方でこそ実行されているように見える昨今である……。
・理想と現実のギャップを防ぐため、なるべく養成段階で志望する校種の現場での経験を積ませるべきだと思います（ネットワークを利用したインターンシップのようなもの）。
・現場での実習を増やしたり、教職以外の仕事を学ぶ機会が必要。
・今のシステムがよく解りませんので答えられません。
・現在の養成システムを詳しく知らないので、参考にならないと思います。細かなことにこだわらず、教師の人間性の滋養と専門教科の指導力の養成を考えるべきだと思います。前者については、なかなか難しいと考えますが、後者については、特に高校教員に不可欠です。豊かな専門知識はもちろんのこと、教材によって重要ポイントを把握し、指導形態も考慮することが大切です。
・大分昔のことなのでシステムを憶えていません。ただし、今後は相互交流が可能ならば実現していただきたいと思う（実習以外の）。
・OBのネットワークを活用して、現場の意見を吸収するべし。
・このアンケートを通じて、教科指導は大学の講義やサークル活動から学んできたことは多いが、生徒指導や学級経営や保護対応などは現場でのOJT、見よう見まね、徒弟奉公的手法で身につけたのだったと気づかされた。大学があまり実用主義ばかりでも困るし、あまり学生の世話を焼きすぎても自主性が育たない気もするけれど、時代の流れでもあるので、上記のスキルを学ぶカリキュラムを強化してもいいのかなと思う。初等教育では尚更。
・新卒での教員就職を考えるなら、教育実習を学部三年次までに終わらせるべき。四年で教育実習をやって直後採用試験受験はきつい。
・早期に現場実習を経験させることで、教職への思いも強くなるので、色々な面でメリットが多い。
・現状の教員養成システムについて十分把握していないが、とにかく理論よりも実践重視として、模擬授業や学習指導案づくり、教育実習のフィードバック、現職教員・管理職教員との交流機会などの充実に力点を置くべきではないかと思う。
・人間教育（〝早稲田精神〟）に重きをおくこと。競争や偏差値ではなく、ほんとうに日本の社会の将来を考え、ひとりひとりの人間を大切にできるか（これからどんどん労働人口が減少する中、〝労働者を使いすて〟するような発想では日本は衰退します）は、教育の力にかかっています。
・発達障害など、特別支援について十分に教育を行うこと。
・今迄多くの教育実習生を教えてきて（四〇～五〇名）感じたことを記します。感心した生徒が三人います。一人が京大生、二人が早大生。いずれも、基礎学力がしっかりしていたこと。生徒との対応に余裕をもち、自在に交流していたこと。学力とともに人間性をみがいてもらいたい。尚、教育採用試験の作成・採点をしばらく担当したことがあります（マル秘ですが）。受験生の学力の低さにあぜんとしました。

- 「早稲田人の骨太」の教育実習を行うべきである。従来のそれと「別に教育実習」を行うべき。官僚的な教師は早稲田のアイデンティティを危うくしロイヤリティの危機である。
- 教員養成とは、他の機関や学校でも言えることですが、資格をとるためのものでよいと思います。教師は学校現場で実際に働いてから本物の教師になるのです。ただ、早稲田という場で学んだことは大いに意義があったと思います。
- 昔の早大しかわかりませんが、息子が教員免許を取る時、教育実習と企業の試験が重なってしまい、免許を取ることを断念せざるを得ませんでした。そのような学生に面談やアドバイスできる体制が必要です！
- 昔の早稲田のように女子に冷たい早大でなく、他の私大のように面倒をみようとする体制も要求されてくるのでは？
- 多様な児童生徒を指導・支援するためには、教師自身の人間力を高めるシステムが必要である。
- 現在の状況を詳しく理解していないので、一方的な意見になってしまって申し訳ありませんが……あまりにも教科に対する知識と意欲の乏しい初任者が増えている現状をみますと、現場で必要となる教科の専門性を学ぶ時間を設けるべきだと思います。
- 教育学部以外の学部から教員が誕生することができるシステム。
- 知識と人間力を兼ね備えた意欲ある人材の育成。
- 物事の本質を大切にすること。テクニックの伝承に傾かないこと。
- 分析的知能ばかりでなく、実践的知能、創造的知能の豊かな人間を育てる（または、そういう能力の高い学生も募集する）。

「早稲田教育ブックレット」№.16刊行に寄せて

町田　守弘

早稲田大学教育総合研究所は一九八六年四月に教育学部の「教育総合研究室」として出発したことから、研究室の設立からすると三十年の歴史を刻んできたことになります。これまでの成果をしっかりと受け継ぎつつ、今日的な課題を視野に収めた研究を心がけております。具体的な活動としては、講演会・シンポジウム・研修会等の開催、研究部会の推進支援、「早稲田教育叢書」等の刊行物の編纂・発行を中心に展開しています。

教育最前線講演会シリーズは、二〇〇四年一二月に第一回を開催してから毎年開催されている企画ですが、第二三回は「早稲田大学が創る教師教育―可能性としての『早稲田』―」というテーマで、二〇一六年七月一六日に開催されました。「早稲田教育ブックレット」№.16は、この講演会の内容をもとに編まれたものです。

早稲田大学における教員養成の歴史は古く、多くの文献や資料でその歴史を辿ることができます。そして二〇一六年四月には、教育・総合科学学術院の箇所として「教職支援センター」が新たに設置され、全学の教員養成の役割を担うことになりました。そのような中で、しっかりと歴史を踏まえつつも教師教育の未来を照らす重要な試みとして、この講演会の企画を位置付けることができるでしょう。そしてこの「早稲田教育ブックレット」は、講演会当日の成果を確認するとともに、新たな執筆者を加えて、より多くの教科教育の視点から「早稲田大学が創る教師教育」の展望を拓くものになりました。

講演会のコーディネーターをご担当いただいた菊地栄治教授には、ブックレットの刊行に際しても全面的にご協力をいただきました。講演会当日にご登壇いただいた方々、そして本ブックレットにご執筆いただいた方々、編集・刊行に際してお世話になった方々に、深甚なる謝意を表したいと思います。

（早稲田大学教育総合研究所　所長）

著者略歴（2017年３月現在）

菊地　栄治（きくち　えいじ）
愛媛県生まれ。国立教育政策研究所を経て、現在、早稲田大学教育・総合科学学術院教授。専門は教育社会学・教育経営学。著書に『希望をつむぐ高校』、『学校のポリティクス（共著）』（いずれも岩波書店）、『持続可能な教育社会をつくる（共編著）』（せせらぎ出版）などがある。大阪府立松原高校との出会いをきっかけにして、布施北高校などの大阪の学校づくりを中心に学術研究の視点から応援し続けている。

三尾　忠男（みお　ただお）
早稲田大学教育・総合科学学術院教授。現在、早稲田大学教職支援センター副所長。学生時代から映像、ＩＣＴの教育利用とその研修の研究開発に取り組み、現在はＩＣＴ活用のアクティブラーニングに関心をもっている。
略歴：鳴門教育大学大学院学校教育専攻修了、文部科学省大学共同利用機関　放送教育開発センター助手、助教授、メディア教育開発センター助教授、早稲田大学教育学部助教授を経て、現職。

町田　守弘（まちだ　もりひろ）
千葉県生まれ。早稲田大学系属早稲田実業学校教論・教頭を経て、現在、早稲田大学教育・総合科学学術院教授。早稲田大学教育総合研究所所長。専攻は国語教育。学習者にとって楽しく力のつく国語科の教材開発および授業開発の研究を進めつつ、マンガ、アニメ、ゲームなどのサブカルチャーを国語教育に取り入れる工夫を続けている。主な著書に、『国語科の教材・授業開発論―魅力ある言語活動のイノベーション』（東洋館出版社）、『「サブカル×国語」で読解力を育む』（岩波書店）などがある。

池　俊介（いけ　しゅんすけ）
東京都生まれ。静岡大学教育学部教授を経て、現在、早稲田大学教育・総合科学学術院教授。専門は人文地理学および地理教育論。著書に『村落共有空間の観光的利用』（風間書房）、『ポルトガルを知るための55章』（共編著、明石書店）、『Geography Education in Japan』（共編著、Springer）などがある。学校や日本の社会における「地理」のイメージの刷新をめざして地理教育の魅力化に取り組んでいる。

谷山　公規（たにやま　こうき）
東京都生まれ。東京女子大学文理学部専任講師、同助教授を経て、現在、早稲田大学教育・総合科学学術院教授。専門は位相幾何学、特に結び目理論。結び目の射影図の研究と空間グラフの研究を二つの主流としている。圏論における「空間の別の空間上の多重度」という概念も提唱している。数学の楽しさ・美しさを、自身も学び、人にも伝えることに意欲的である。「微分幾何体操」の提案者。数学オリンピック財団理事。

松坂　ヒロシ（まつさか　ひろし）
東京都生まれ。早稲田大学教育・総合科学学術院教授。専門は英語音声学、英語教育。著書に『英語音声学入門』（研究社）、『英語発音指導マニュアル（共著）』（北星堂）などがある。日本英語音声学会関東支部長、TALK(田辺英語教育学研究会）会長。NHKラジオ『英語リスニング入門』（二〇〇二、二〇〇三、二〇〇四各年度前期）、NHKテレビ『ニュースで英会話プラス』（二〇一五年度）講師。最近はディベート教育に関心を持ち、教室での実践や講演を行う。

加藤　尚志（かとう　たかし）
東京都生まれ。（株）キリンビール医薬探索研究所を経て、現在、早稲田大学教育・総合科学学術院教授。専門は分子生理学・実験血液学。世界初の赤血球産生因子エリスロポエチンの開発、血小板産生因子トロンボポエチンの発見などの実績をもつ。大学では、バイオテクノロジー黎明期の世界競争の経験を反映させつつ、新視点の比較生物学の立ち上げに向けて、日々学生達と奮闘中。